John C. Maxwell

Die Entscheidungsformel

Wie ethisches Handeln zum Erfolg führt

BRUNNEN

VERLAG GIESSEN · BASEL

Band 8 der Edition AcF
Die Edition AcF wird herausgegeben von der Akademie für christliche
Führungskräfte, Furtwängler-Str. 10, 51643 Gummersbach
Tel. (0049) (0)2261 / 807 227

Titel der amerikanischen Originalausgabe
There's no such thing as „Business Ethics"
Veröffentlicht bei Warner Books, New York:
This edition published by arrangement with Warner Books, Inc., New York,
New York, USA. All rights reserved.
Dieses Werk wurde vermittelt durch die
Literarische Agentur Thomas Schlück GmbH, 30827 Garbsen.

Aus dem Amerikanischen von Angela Klein-Esselborn
Lektorat: Ralf Tibusek

© der deutschen Ausgabe:
2005 Brunnen Verlag Gießen
www.brunnen-verlag.de
Umschlaggestaltung: Ralf Simon
Satz: Die Feder GmbH, Wetzlar
Druck: Ebner und Spiegel, Ulm
ISBN 3-7655-1886-7

Inhalt

Eine kleine Einführung

Vor einigen Monaten traf ich mich zum Abendessen mit Laurence J. Kirshbaum, President und CEO der AOL Time Warner Book Group. Während wir uns unterhielten, schaute er mich plötzlich intensiv an und sagte: „Wissen Sie was, John, Sie wären genau der Richtige: Was halten Sie davon, ein Buch über Unternehmensethik zu schreiben?"

„So etwas gibt es doch gar nicht", entgegnete ich.

„Wie bitte?" Meine Erwiderung hatte ihn leicht überrascht. „Wie meinen Sie das?"

„So etwas wie Unternehmensethik gibt es nicht – es gibt bloß Ethik. Die Menschen versuchen, einen Ethikkatalog auf ihr Berufsleben anzuwenden, einen auf ihr spirituelles Leben, wieder einen auf ihre Familie zu Hause und ihre Freizeit. Dadurch machen sie es sich schwer. Ethik ist Ethik. Wenn man ethisch sein will, lebt man durch die Bank nach einer einzigen Formel."

Erzieher, Philosophen, Theologen und Juristen haben aus einer einfachen Sache etwas sehr Verwirrendes gemacht. Ethisch zu leben ist womöglich nicht immer einfach, aber kompliziert muss es deswegen noch lange nicht sein. *Wenn Sie zu diesem Buch hier gegriffen haben, besitzen Sie, glaube ich, den Wunsch, sich nach einer Entscheidungsformel für ethisches Leben und Arbeiten zu richten. Alles, was Sie hier lesen, soll Ihnen dabei helfen, genau das erfolgreich umzusetzen.*

1
Was ist bloß mit der Unternehmensethik los?

Am 8. November 2001 schockt der größte Gewinner des Wirtschaftsbooms der 90er-Jahre, der Energiekonzern Enron, die Öffentlichkeit mit einer Erklärung. Er habe über einen Vier-Jahres-Zeitraum 586 Millionen Dollar zu viel an Gewinn[1] ausgewiesen.[2] Kaum einen Monat später beantragte Enron ein Reorganisationsverfahren nach dem US-amerikanischen Chapter 11 Bankruptcy Code[3], während Anfang 2002 die Staatsanwaltschaft ein Strafverfahren gegen die Unternehmensführung einleitete. Untersucht werden sollte, wie viele Geschäftsführer um den Zustand des Unternehmens wussten, als sie ihre Beschäftigten anwiesen, ihre Enron-Aktien zu behalten, während sie selbst Aktien im Wert von über 1 Milliarde Dollar verkauften[4]. Das Unternehmen ging den Bach hinunter, die Beschäftigten waren ihre Altersvorsorge los und Millionen von Anlegern verloren insgesamt über 60 Milliarden Dollar. Die Anleger waren wie gelähmt. Und dann kam die Frage auf: *Wie konnte so etwas geschehen? Warum geschah es? Wer ließ es geschehen?*

Ein paar Monate später, am 27. März 2002, wurde der Kreis derjenigen, die von Ethik sprachen, weiter, als nämlich Amerikas sechstgrößtes Kabelunternehmen Adelphia Communications verkündete, es stecke ebenfalls in einer Finanzkrise. Firmengründer John Rigas sowie seine Söhne Timothy, Michael und James wurden beschuldigt, 3,1 Milliarden Dollar aus dem Firmenvermögen für persönliche Anschaffungen und private Vorhaben verwendet zu haben. Nachdem sich das Unternehmen von den Rigas getrennt hatte, wies es seine Gewinne neu aus und beantragte später ebenfalls das Reorganisationsverfahren nach Chapter 11 Bankruptcy Code. Die Aktienwerte sackten ab. Am 3. Juni 2002 wurde Adelphia aus der Notierung des NASDAQ[5] gestrichen.

Nun sorgten sich noch mehr Menschen um die Ethik in der Wirtschaft. Und noch mehr Menschen stellten Fragen wie: *Was für Menschen machen denn so etwas? Wie konnte das passieren? Könnte es noch einmal passieren?*

Genau am selben Tag stand Dennis Kozlowski, CEO von Tyco, in New York vor Gericht, weil er 1 Million Dollar Umsatzsteuer hinterzogen und aus Firmenmitteln unter anderem Kunstgegenstände für sich privat erworben hatte.[6] Bei der polizeilichen Untersuchung kam heraus, dass Kozlowski und zwei weitere Führungskräfte von Tyco das Unternehmen um 600 Millionen $ betrogen hatten.[7] Die Sorge um verborgenes unethisches Verhalten in der Wirtschaft wurde zum öffentlichen Thema.

Die Zeitschrift *Time* erklärte jenen Monat zum „Sommer des Argwohns" und schrieb weiter: „Die meisten Amerikaner – 72% nach einer Umfrage von *Time*/CNN – fürchten, keine Einzelfälle zu sehen, sondern einen typischen Fall von Betrug in einer Vielzahl von Unternehmen."[8] Und das war noch *bevor* bekannt wurde, dass eine interne Prüfung bei WorldCom unlautere Methoden der Rechnungslegung aufdeckte. Ihre Gewinne von 2000 bis 2001 waren um 7,1 Milliarden Dollar zu hoch angegeben worden[9]! Und laut WorldCom hatte die Firma 3,8 Milliarden Dollar Ausgaben in fünf Quartalen falsch ausgewiesen. Die Konsequenzen: Siebzehntausend Beschäftigte verloren ihren Arbeitsplatz, WorldCom erstellte einen neuen Finanzbericht (die Gewinne jener Quartale wurden gestrichen), und die Aktien verloren 75% ihres Wertes[10].

Und die Fragen wurden lauter: *Warum passiert das? Wie viele Unternehmen handeln unethisch? Was ist bloß mit der Unternehmensethik los?*

Problemfelder

Die meisten Leute sind über den Stand der Ethik in der westlichen Welt entsetzt. Sie haben die Nase voll von Unehrlichkeit und unethischen Machenschaften. Brett Trueman, der an der Haas School of Business der University of California in Berkeley Buchführung unterrichtet, bemerkte einmal: „Darum geht es mit der Börse stetig bergab – die Anleger wissen nicht mehr, wem sie noch trauen können. Während die einen Dinge ans Tageslicht kommen, gehen die anderen doch einfach munter weiter."[11]

Natürlich beschränken sich die Probleme nicht auf die Wirtschaft. Die Missbrauchsfälle innerhalb der katholischen Kirche sowie die Art, wie die Vorkommnisse aufgedeckt wurden, riefen Abscheu hervor. Für Überraschung sorgten auch Meldungen, wonach der Pulitzer-Preisträger und Geschichtsprofessor Stephen Ambrose für sein Buch *The Wild Blue* ganze Absätze von dem Historiker Thomas Childers plagiierte.[12] Und die Zuschauer der Olympischen Winterspiele von Salt Lake City waren entsetzt über die Mitteilung einer Eiskunstlauf-Kampfrichterin, dass ihre Wertung erzwungen worden sei, um im Paarlauf den Falschen zur Goldmedaille zu verhelfen.[13]

Als der Meinungsforscher George Barna von den Befragten wissen wollte, ob sie „sich voll darauf verlassen", dass Führungspersönlichkeiten mehrerer Berufsgruppen „ihre berufsbezogenen Entscheidungen immer moralisch vertretbar treffen", war das Ergebnis niederschmetternd:[14]

Führungspersönlichkeit	Vertrauen der Bevölkerung
Führungskräfte großer Konzerne	3 %
Gewählte Regierungsvertreter	3 %
Produzenten, Regisseure und Autoren von Film und Fernsehen	3 %
Nachrichtenreporter und Journalisten	5 %
Inhaber kleiner Unternehmen	8 %
Minister, Priester und Geistliche	11 %
Lehrer	14 %

Hier zeigt sich, dass sechs von sieben Menschen selbst den vertrauenswürdigsten Führungspersönlichkeiten (Lehrern) nicht ihr volles Vertrauen schenken wollen.

Das ethische Dilemma

Von unserer Abscheu kommen wir nun zur Diskussion. Die Menschen wollen wissen: *Warum* ist es um die Ethik so miserabel bestellt? Es mag zwar viele mögliche Antworten geben, aber ich glaube, Menschen treffen unethische Entscheidungen aus einem der folgenden drei Gründe:

1. Wir machen das, was am bequemsten ist

Ein ethisches Dilemma lässt sich als nicht wünschenswerte oder unangenehme Wahlmöglichkeit in Bezug auf ein moralisches Prinzip oder moralisches Handeln definieren. Was machen wir in solchen Situationen? Tun wir das Einfache oder das Richtige? Was soll ich zum Beispiel machen, wenn ich zu viel Wechselgeld herausbekomme? Was soll ich sagen, wenn eine bequeme Lüge einen Fehler überdecken kann? Wie weit sollte ich in meinen Versprechungen gehen, um einen Kunden zu gewinnen?

Ein ethisches Dilemma lässt sich als nicht wünschenswerte oder unangenehme Wahlmöglichkeit in Bezug auf ein moralisches Prinzip oder moralisches Handeln definieren.

Wir als Menschen neigen anscheinend dazu, bei persönlichen Ethik-Tests durchzufallen. Warum tun wir etwas, auch wenn wir wissen, dass es verkehrt ist? Betrügen wir, weil wir meinen, wir werden schon nicht erwischt? Erlauben wir uns Pfusch, weil wir uns einreden, es ist ja nur dieses eine Mal? Gehen wir so mit Druck um?

2. Wir tun, was wir tun müssen, um zu gewinnen

Ich glaube, den meisten Menschen geht es wie mir: Ich hasse Niederlagen! Besonders Unternehmer wollen durch Leistung und Erfolg gewinnen. Viele glauben jedoch, zur Wahl stünden: ethisch handeln *oder* gewinnen. Der *Atlanta Business Chronicle* berichtet von einer Gruppe leitender Angestellter, die sich kürzlich in einem führenden Unternehmen in Atlanta zum Brainstorming traf, um Ideen für eine dreitägige landesweite Konferenz mehrerer Tausend Außendienstmitarbeiter zu entwickeln. Beim Gedankenaustausch für verschiedene Sitzungen warf eine stellvertretende Vorsitzende des Unternehmens enthusiastisch ein: „Warum machen wir denn nichts über Ethik?"

Grabesstille. Man hätte eine Stecknadel fallen hören können. Nach einem betretenen Schweigen wurde die Besprechung fortgesetzt, als hätte die stellvertretende Vorsitzende nie einen Ton von sich gegeben. Die allgemeine Reaktion brachte sie so aus der Fassung, dass sie ihre Idee einfach fallen ließ.

Später traf sie zufällig den CEO ihres Unternehmens. Sie bekräftigte ihre Auffassung, dass das Thema Ethik auf der Konferenz angesprochen werden sollte. Sie erwartete, er werde von ganzem Herzen zustimmen. Er entgegnete jedoch: „Gewiss ist das ein wichtiges Thema – darin sind sich wohl alle einig. Aber alles zu seiner Zeit und an seinem Ort. Das Treffen der Außendienstler soll optimistisch und aufbauend sein. Und Ethik ist doch so furchtbar negativ besetzt."[15]

Dieser CEO steht mit seiner Meinung über Ethik nicht alleine da. Nach Auffassung vieler Menschen ist das Beachten von Ethik gleichbedeutend mit einer Beschneidung ihrer Optionen, ihrer Möglichkeiten, überhaupt ihrer Aussicht auf Erfolg in der Wirtschaft. Getreu dem alten Verdacht, dass gute Kerle als Letzte ins Ziel kommen. Darin stimmen sie mit dem Harvard-Historiker Henry Adams überein: „Moral ist ein persönlicher, kostspieliger Luxus." Die Ironie an der Sache: Bei der heutigen Kultur der hohen Schulden und der Ichbezogenheit ist Ethik womöglich der *einzige* Luxus, auf den manche Menschen freiwillig verzichten!

Nach Auffassung vieler Menschen ist das Beachten von Ethik gleichbedeutend mit einer Beschneidung ihrer Optionen, ihrer Möglichkeiten, überhaupt ihrer Aussicht auf Erfolg in der Wirtschaft.

Wenn ich meine vor der Wahl zu stehen: (1) um jeden Preis zu gewinnen, selbst wenn es unethisch ist; oder (2) ethisch zu handeln und zu verlieren – dann stehe ich vor einem wahrhaft moralischen Dilemma. Nur wenige Menschen machen sich von vornherein auf einen unlauteren Weg, aber verlieren will auch keiner.

3. Wir erklären unsere Wahlmöglichkeiten rational mit Relativismus

In einer Zwangslage entscheiden viele Menschen nach dem Augenblick und danach, was unter den gegebenen Umständen richtig ist. Diese Vorstellung war Anfang der 60er-Jahre vorherrschend, als Dr. Joseph Fletcher, Dekan der St. Paul's Cathedral von Cincinnati, Ohio, sein Buch *Moral ohne Normen?*[16] herausgab. Liebe, so sagt er, sei die beherrschende Norm, gut und böse zu unterscheiden. Die „Executive Leadership Foundation" kommentierte:

> Nach Fletcher bestimmt sich Recht durch die Situation, und Liebe kann alles rechtfertigen – Lug und Betrug, Diebstahl ... sogar Mord. Diese Philosophie verbreitete sich rasch in der Welt der Theologie und Erziehung ... Seit den 60ern ist Situationsethik zur Norm für Sozialverhalten geworden. Nachdem sie sich in der Erziehung, Religion und Regierung so rasch ausgebreitet hat, durchdringt sie nun einen neuen Bereich – die Wirtschaft. Das Ergebnis ist unsere ethische Situation heute.[17]

Das Ergebnis ist ethisches Chaos. Jeder hat seine eigenen Normen, die sich von Situation zu Situation ändern. Ein Seminar an der Universität von Michigan mit dem Titel „Die Ethik des Unternehmensmanagements" wird folgendermaßen beschrieben: „Dieses Seminar beschäftigt sich nicht mit der persönlichen moralischen Frage nach Ehrlichkeit und Aufrichtigkeit. Es wird davon ausgegangen, dass die Studenten dieser Universität bereits *ihre eigenen Normen zu diesen Fragen besitzen.*"[18]

Demnach ist alles genehm, was sich jemand als Norm zurechtlegt. Erschwerend hinzu kommt die natürliche Neigung des Menschen, sich selbst nicht so hart zu beurteilen, sondern nach seinen guten Absichten – während andere höhere Normen erfüllen müssen und nach ihren schlimmsten Taten beurteilt werden. Basierten unsere Entscheidungen einst auf der Ethik, basiert die Ethik jetzt auf unseren Entscheidungen. Wenn es gut für mich ist, dann ist es gut. Wo soll dieser Trend noch enden?

Basierten unsere Entscheidungen einst auf der Ethik, basiert die Ethik jetzt auf unseren Entscheidungen.

Der Wind dreht sich

Zum Glück nimmt der Wunsch nach ethischem Handeln in der Wirtschaft zu. Dazu die „Headhunter" Heidrick und Struggles: „In einer neuen Wirtschafts-Ära sehen CEOs sich einem neuen Auftrag gegenüber. Glanz und Glamour sind out. Transparenz – hinsichtlich Ethik, Werten und Zielen – ist in."[19] Dem stimmt mein Freund Bruce Dingman, President der Consulting-Firma R.W. Dingman, zu. Kürzlich schickte er mir eine E-Mail:

Dachte mir, du willst vielleicht erfahren, was wir auf dem Markt erkennen. Veränderungen von Unternehmenswerten und -strategien spiegeln sich oft in dem wider, was unsere Kunden jetzt in ihren Kandidaten suchen … Ja, sie wollen immer noch leitende Angestellte, die dem Unternehmen Geld bringen, harte Entscheidungen treffen wollen und in die Führungsriege passen, aber jetzt achtet man mehr auf Integrität, spielt nicht mehr mit so harten Bandagen und wirft einen aufmerksameren Blick auf die Strategien und realistischere, konservativere Ziele.

Und Jeremy Farmer, ein erfahrener Recruiter[20] bei der Bank One in Chicago, sagt, er und seine Kollegen legen bei der Suche nach potenziellen Beschäftigten verstärkt Wert auf Ethik: „Wir stellen Fragen aus dem Bereich Ethik und führen verhaltenspsychologische Gespräche."[21]

Gut zu wissen, dass es in unserer Kultur einen Wunsch nach Veränderung hinsichtlich Ethik gibt. Das Dumme ist nur, dass die meisten nicht wissen, wie sie eine solche Veränderung zu Wege bringen. Ihnen geht es wie den Fluggästen in einem uralten Witz, den ich vor Jahren gehört habe. Sie sitzen im Flugzeug auf einem längeren Flug. Nach zwei Stunden hören sie über Lautsprecher: „Hier spricht Ihr Flugkapitän. Wir befinden uns in 11.000 Metern Höhe bei einer Geschwindigkeit von 700 Knoten. Wir haben eine schlechte und eine gute Nachricht. Die schlechte Nachricht ist, wir haben uns verirrt. Die gute Nachricht ist, wir liegen sehr gut in der Zeit."

Schaut man sich auf dem Markt um, wird man erkennen, dass wir uns zwar Aufrichtigkeit und Geradlinigkeit wünschen, im Kampf um die Ethik aber noch weit vom Sieg entfernt sind. Betrachten wir einmal, wie sich die Menschen unserer Kultur diesem Problem annähern.

Sie erteilen Nachhilfe in Ethik

Wenn Universitäten Studenten aufnehmen, die die einfache Algebra nicht beherrschen, schicken sie sie in einen Algebrakurs. Nach Joan Ryan, Kolumnistin des *San Francisco Chronicle*, gehen Wirtschaftsunternehmen genauso vor. Sie stecken ihre Beschäftigten in Nachhilfekurse für Ethik. Unternehmen bestellen bei Firmen „Ethik online" sowie Berater, die dicke Ethik-Handbücher zu Papier bringen, die sich laut Ryan „häufig wie Steuergesetze lesen, komplett mit Schlupflöchern und Strafsummen".

15

Das bringt nichts. Und das Schlimmste ist: Die Unternehmen wollen oft nicht einmal ethischer werden. „Es geht um das Verhindern von Strafen. Nach staatlichen Richtlinien bekommen Unternehmen, die eines Verstoßes überführt werden, geringere Strafen, sofern sie Ethik-Programme anbieten."[22]

Sie verwenden ein ethisches Anti-Floh-Mittel

Ein weiterer Ansatz ist, die Übeltäter, die beim Verstoß gegen die Ethik erwischt werden, zu „behandeln". Management-Berater Frank J. Navran bezeichnet das als „ethisches Anti-Floh-Mittel"[23]. Dieser Ansatz ist nämlich genauso wirksam wie ein Anti-Floh-Mittel, solange sich an der Umgebung des Hundes nichts ändert. Die Flöhe kommen sofort wieder. Fördert und belohnt die Umgebung – die Systeme und Ziele – eines Unternehmens unethisches Verhalten, wird sich die Lage nicht bessern, solange nur einzelne Beschäftigte auf ihr Vorgehen angesprochen werden.

Sie verlassen sich auf das Gesetz

Manche Unternehmen haben schon gänzlich aufgegeben, verstehen zu wollen, was ethisch ist, und nehmen das, was gesetzlich ist, als Entscheidungsformel. Heraus kommt der moralische Bankrott. Als Kevin Rollins von der Dell Computer Corporation nach der Rolle von Ethik in der Wirtschaft gefragt wurde, gab er die Worte des russischen Dissidenten Alexander Solschenizyn frei wieder: „Ich habe in einem Land gelebt, in dem es keine Gesetzesregeln gab. Das ist schrecklich. Aber genauso schlimm ist eine Gesellschaft, in der Gesetzesregeln die einzige Norm für ethisches Verhalten sind."

Rollins bekräftigt: „Solschenizyn sagt, wenn die Vereinigten Staaten lediglich einen rechtskonformen Standard für moralische Leistung anstreben, liegen sie voll daneben. Der Mensch kann mehr. Das war meines Erachtens ein schöner Kommentar zur Ethik der Unternehmen, die sagen: ‚Tja, rechtlich gesehen war das ganz in Ordnung.‘ Wir glauben, man muss etwas Höheres anstreben als das, was legal ist. Ist das, was man tut, auch richtig?"[24]

Jetzt wird's persönlich

Eines unserer Probleme ist, dass Ethik niemals ein Wirtschaftsthema oder ein soziales Thema oder ein politisches Thema ist. Sie ist immer ein persönliches Thema. Die Leute sagen, sie wollen Integrität. Gleichzeitig jedoch belegen Studien, dass die Mehrheit der Menschen nicht immer so integer handelt, wie sie es von anderen verlangt. An den Colleges glauben 84 Prozent der Studenten, dass die USA in einer Wirtschaftskrise stecken, und 77 Prozent meinen, die CEOs sollten dafür zur Verantwortung gezogen werden. Allerdings gaben 59 Prozent eben jener Studenten zu, schon einmal in einem Test gemogelt zu haben.[25] Am Arbeitsplatz geben 43 Prozent der Befragten zu, im vergangenen Jahr an mindestens einer unethischen Tat beteiligt gewesen zu sein, und 75 Prozent haben solch eine Tat beobachtet, aber nicht eingegriffen.[26] Dieselben, die bei der Steuererklärung mogeln oder Bürobedarf klauen, erwarten Aufrichtigkeit und Integrität von dem Unternehmen, deren Aktien sie kaufen, von den Politikern, die sie wählen, und dem Kunden, mit dem sie im eigenen Betrieb zu tun haben.

Dieselben, die bei der Steuererklärung mogeln oder Bürobedarf klauen, erwarten Aufrichtigkeit und Integrität von dem Unternehmen, deren Aktien sie kaufen, von den Politikern, die sie wählen, und dem Kunden, mit dem sie im eigenen Betrieb zu tun haben.

Es ist einfach, über Ethik zu diskutieren, und noch einfacher, über diejenigen empört zu sein, die den Ethiktest nicht bestehen – besonders wenn wir vom Fehlverhalten anderer betroffen sind. Schwieriger ist es jedoch, in unserem eigenen Leben ethische Entscheidungen zu treffen. Was machen wir, wenn wir vor einer unangenehmen Wahl stehen? Der frühere US-Präsident Ronald Reagan spöttelte einmal in den 80er-Jahren: Im Bereich der Wirtschaft spricht man von Rezession, wenn der Nachbar seinen Job verliert, aber von Depression, wenn man ihn selbst verliert! Mit der Ethik ist es ähnlich. Es ist immer schwieriger, wenn ich derjenige bin, der die Entscheidung zu treffen hat.

Der Ethik-Saldo

Ich möchte ethisch handeln, und Sie vermutlich auch. Ja, ich weiß sogar, dass man wirklich das Richtige tun *und* Erfolg im Unternehmen haben kann. Nach dem Ethics Resource Center in Washington, D.C., erzielen die Unternehmen, die sich vorgenommen haben, das Richtige zu tun, die sich schriftlich zu sozialer Verantwortung verpflichten und ständig danach handeln, tatsächlich mehr Gewinn als solche, die das nicht tun. James Burke, Chairman von Johnson und Johnson, sagt: „Hätte man vor dreißig Jahren 30.000 Dollar in Dow-Jones-notierte Unternehmen angelegt, entspräche das heute einem Wert von 134.000 Dollar. Hätte man diese 30.000 Dollar in solche {sozial und ethisch verantwortungsbewusste} Firmen gesteckt – 2.000 Dollar in jede der fünfzehn {in der Studie} – wären das heute über 1 Million $.“[27]

Wenn Sie sich ethisches Verhalten zu Eigen machen, werden Sie dadurch automatisch wohlhabend und erfolgreich? Natürlich nicht. Kann es Ihnen den Weg zum Erfolg ebnen? Eindeutig ja. *Ethik + Kompetenz* ist die Gleichung für Gewinn. Wer demgegenüber andauernd versucht, immer bis an den Rand des Ethischen zu gehen, wird unvermeidlich abstürzen. Pfusch zahlt sich langfristig niemals aus. Man mag die anderen ja eine Zeit lang an der Nase herumführen, aber auf lange Sicht holen uns unsere Taten ein, denn die Wahrheit kommt immer ans Licht. Kurzzeitig kann ethisches Handeln wie verlieren aussehen (so wie einer, der unethisch handelt, *zeitweise scheinbar gewinnt*). Langfristig wird man jedoch *immer verlieren*, wenn man ohne Ethik lebt. Haben Sie jemals einen kennen gelernt, der ein von Pfusch, Täuschung und Betrug geprägtes Leben führte und am Ende gut durchkam?

König Salomon aus dem alten Israel, der der weiseste Mensch aller Zeiten sein soll, drückte es so aus:

> Der Gerechten Pfad glänzt wie das Licht am Morgen,
> das immer heller leuchtet bis zum vollen Tag.
> Der Gottlosen Weg aber ist wie das Dunkel;
> sie wissen nicht, wie sie zu Fall kommen werden.[28]

Der US-Abgeordnete und Verfechter von Bildungsrechten Jabez L. M. Curry meinte: „Wenn ein Staat gedeihen soll, muss er sich auf ein moralisches Wesen gründen, und dieses Wesen ist der Hauptbestandteil seiner Stärke und der einzige

Unternehmen, die sich vorgenommen haben, das Richtige zu tun, die sich schriftlich zu sozialer Verantwortung verpflichten und ständig danach handeln, erzielen tatsächlich mehr Gewinn als solche, die das nicht tun.

Garant für sein Fortbestehen und seinen Wohlstand." Genau das lässt sich auch über ein Unternehmen sagen. Oder über eine Familie. Oder über jedes Vorhaben, das man wachsen und gedeihen sehen möchte. Der Grund kann allerdings nicht von einem Gesamtgebilde gelegt werden. Am Anfang steht jeder Einzelne. Und er muss gelegt werden trotz des anhaltenden Drucks, etwas zu leisten auf Kosten des richtigen Handelns.

Wie weiß man denn, was richtig ist? Wie meistert man selbst die schwierigste aller stressbeladenen Situationen? Wo findet man eine Norm, die sich auf jede Situation anwenden lässt – ein Leitfaden, mit dessen Hilfe man nachts gut schlafen kann, beruflich vorwärts kommt, seine Ehe verbessert und darauf vertraut, dass man immer alles macht, was man kann? Im nächsten Kapitel biete ich die aus meiner Sicht besten Antworten auf diese Fragen an.

Fragen zur Diskussion

1. Wann denken Sie an das Thema Ethik, wie reagieren Sie aus dem Bauch heraus? Positiv oder negativ? Würden Sie gerne daran denken, darüber diskutieren und das Ergebnis auf Ihr Leben anwenden? Glauben Sie tief in Ihrem Innern, dass jemand ethisch handeln und doch gewinnen kann? Erläutern Sie.

2. Wenden Sie einen Katalog von Verhaltensnormen auf alle Lebensbereiche an, oder verwenden Sie mehrere – je nachdem, wo Sie sind, mit wem Sie zusammen sind, oder was Sie machen? Sind Sie im Wesentlichen immer dieselbe Person mit denselben Normen, ob bei der Arbeit oder zu Hause, mit Kunden oder Angehörigen, beim Ballspielen oder in der

Kirchengemeinde? Glauben Sie, es ist möglich und wünschenswert, einen einzigen Standard auf alle Lebensbereiche anzuwenden? Erläutern Sie.

3. Denken Sie an jemanden, dem Sie voll vertrauen. (Wenn Ihnen keiner einfällt, erforschen Sie, warum Sie zögern, anderen zu trauen.) Denken Sie jetzt darüber nach, warum Sie ihm oder ihr trauen. Stellen Sie eine Liste mit Merkmalen dieses Menschen auf.

4. Welche ethische Richtlinie haben Sie zurzeit? Beschreiben Sie sie.

2
Die Entscheidungsformel

Wie stufen Sie sich selbst in Bezug auf Ethik ein? Der deutschstämmige Geistliche und Dozent für Arbeitgeber-Arbeitnehmer-Beziehungen William J.H. Boetcker meinte: „Die Menschen müssen sich selbst gegenüber aufrichtig sein, bevor sie anderen gegenüber aufrichtig sein können. Ein Mensch, der sich selbst gegenüber nicht aufrichtig ist, ist ein hoffnungsloser Fall."[29] Alle Menschen lassen sich, glaube ich, in folgende fünf Kategorien einteilen:

1. Ich bin immer ethisch.
2. Ich bin meistens ethisch.
3. Ich bin irgendwie ethisch.
4. Ich bin selten ethisch.
5. Ich bin nie ethisch.

Was trifft am ehesten auf Sie zu? Wie würden Sie sich selbst charakterisieren? Denken Sie kurz darüber nach. Dann machen Sie ein Kreuzchen neben die Kategorie, die Sie am ehesten beschreibt.

Ethik zählt

Nachdem Sie sich nun schon ein wenig mit Ethik befasst haben, hier ein paar Bemerkungen, wie die Menschen dazu stehen:

1. In der Mehrheit stufen sich die Menschen in die erste oder zweite Kategorie ein. Die meisten von uns versuchen, meist ethisch zu sein.

2. Die meisten, die sich in die zweite Kategorie einordnen, tun das aus persönlicher Bequemlichkeit. Konflikte sind unbequem. Diszipliniert zu sein ist unbequem. Verlieren ist unbequem. Einen hohen Preis für Erfolg zu zahlen ist unbequem. Manche sind in Kategorie 2, weil sie mit diesen Unannehmlichkeiten nicht umgehen möchten.

3. Die meisten denken, „meistens ethisch" zu sein ist in Ordnung – bis sie sich selbst als Opfer der ethischen Entgleisung eines anderen wiederfinden.

4. Eine Regel kann den Menschen den Weg von „meistens ethisch" zu „immer ethisch" ebnen und die Lücke zwischen den ersten beiden Kategorien schließen.

Im Vorwort zu diesem Buch erwähnte ich, dass Erzieher, Philosophen, Theologen und Juristen aus Ethik ein allzu komplexes Thema gemacht haben. Die meisten Menschen sind von der Sichtweise dieser „Experten" beeinflusst. Zum Beweis achten Sie einmal auf Ihre Reaktion auf das, was ich Ihnen nun sagen werde: Meiner Meinung nach können Sie mit einer einzigen Richtlinie Ihre gesamte ethische Entscheidungsfindung lenken. Sie gründet sich auf die Entscheidungsformel.

Sie können mit einer einzigen Richtlinie Ihre gesamte ethische Entscheidungsfindung lenken. Sie gründet sich auf die Entscheidungsformel.

Lachen Sie höhnisch auf? Sind Sie skeptisch? Erwägen Sie, über meine Behauptung hinwegzugehen? Dann stecken Sie womöglich im Morast der heutigen Sichtweise über Ethik fest. Lassen Sie mich Ihnen die These dieses Buches erläutern, nämlich:

Sich die Frage zu stellen: „Wie möchte ich in dieser Situation gerne behandelt werden?", ist eine Integritäts-Richtlinie, die in *jeder* Lebenslage anwendbar ist.

Diese goldene Regel, nämlich die Entscheidungsformel, kann, so glaube ich, Ihr Leuchtturm für die Orientierung im Meer der Ethik werden.

Eine Regel für alle

Einer meiner Mentoren für Leadership ist der Gründer von Federal Express, Fred Smith Sr. Vor wohl über zehn Jahren kamen wir bei einem gemeinsamen Essen auf das Thema Ethik zu sprechen, und wir unterhielten uns über die Entscheidungsformel. „Wissen Sie", sagte Fred, „dass es so ungefähr in jeder Kultur eine Version dieser goldenen Regel gibt?"

Der Hinweis erstaunte mich. In der derzeitigen relativistischen Kultur der westlichen Welt – wo jeder andere Normen anwenden will und wo jede Situation ihren eigenen Verhaltenskodex erfordern soll – ist es eine viel versprechende Hoffnung, dass sich Menschen jeder Kultur, die ethisch leben wollen, auf einen Standard verständigen können. Als ich der Sache nachging, fand ich die folgenden Variationen der Entscheidungsformel:

Christentum: Alles nun, was ihr wollt, dass euch die Leute tun sollen, das tut ihnen auch![30]

Islam: Der ist kein wahrhaft Gläubiger, der seinem Bruder nicht das Gleiche zudenkt und erweist, was er sich selber zuliebe täte.

Judentum: Was du nicht willst, das andere dir zufügen, tue du auch ihnen nicht.

Buddhismus: Erweise anderen die gleiche Liebe, Güte und Barmherzigkeit, von der du wünschest, dass sie dir entgegengebracht werde.

Hinduismus: Füge deinem Nachbarn nichts zu, was du nicht von ihm erdulden möchtest.

Konfuzianismus: Verhalte dich anderen gegenüber so, wie du von ihnen behandelt werden möchtest.

Jainismus: In Freude und Glück wie in Leid und Not sollten wir alle Wesen genauso behandeln wie uns selbst.[31]

Zoroastrismus: Was dir selber unangenehm ist, das tue auch anderen nicht an.[32]

Bahaismus: Und wenn sich deine Augen der Gerechtigkeit zuwenden, wähle für deinen Nächsten das aus, was du auch dir selber aussuchest.[33]

Yoruba-Sprichwort (Nigeria): Wer ein Küken mit einem spitzen Stock quälen will, soll das zuerst an sich selber ausprobieren, um zu merken, wie sehr das schmerzt.[34]

Offensichtlich sprengt die goldene Regel kulturelle und religiöse Grenzen und wird an fast allen Enden der Erde beachtet. Sie kommt einer universellen Entscheidungsformel für Ethik am nächsten. Im Hinblick auf Ethik gibt es wirklich nur zwei wichtige Punkte. Der erste ist die Norm, die man befolgen soll. Der zweite ist der Wille, sie zu befolgen. Das Josephson Institute of Ethics, eine überparteiliche Nonprofit-Organisation, die die Stellung von Ethik in der Gesellschaft verbessern soll, schreibt treffend: „Bei der Ethik geht es darum, wie wir mit der Herausforderung umgehen, das Richtige zu tun, wenn das mehr kostet, als wir zahlen wollen. Ethik lässt sich unter zwei Aspekten betrachten: Zum ersten gehört die Fähigkeit, Richtig

Im Hinblick auf Ethik gibt es wirklich nur zwei wichtige Punkte. Der erste ist die Norm, die man befolgen soll. Der zweite ist der Wille, sie zu befolgen.

von Falsch, Gut von Böse, Schickliches von Unschicklichem zu unterscheiden. Zum zweiten gehört die Selbstverpflichtung, das Richtige, Gute, Schickliche zu tun. Ethik zieht Handeln nach sich; es ist nicht lediglich ein Thema, über das man nachgrübelt oder debattiert."[35]

Warum wir uns die Entscheidungsformel zu Eigen machen sollten

„Bei der Ethik geht es darum, wie wir mit der Herausforderung umgehen, das Richtige zu tun, wenn das mehr kostet, als wir zahlen wollen." Das Josephson Institute of Ethics

Ich bin nicht naiv. Ich weiß, dass nicht jeder eine einfache, praktische und praktikable Richtlinie für eine ethische Lebensführung sucht. Manche Menschen möchten lieber lügen, betrügen, stehlen und Schlimmeres tun. Andere grübeln und debattieren für ihr Leben gern. (Im Studium habe ich so manchen Kurs bei solchen Leuten belegt!) Aber wer eine gute, aufrichtige Norm für ethisches Verhalten in seinem Leben sucht, kann sie in der goldenen Regel finden. Darum glaube ich das:

1. Die Entscheidungsformel wird von den meisten Menschen akzeptiert

Sie haben bereits eine Vorstellung davon, auf welch breiter Basis die goldene Regel akzeptiert wird. Außerdem bricht doch auch der gesunde Menschenverstand eine Lanze für diese Entscheidungsformel. Können Sie sich vorstellen, dass jemand sagt: „Behandeln Sie mich bitte schlechter als ich Sie"? Nein, jeder möchte gut behandelt werden. Selbst Menschen, die sich auf gefährliche Verbindungen eingelassen haben oder sich destruktiv verhalten, *wünschen* sich weder, von anderen schlecht behandelt zu werden, noch streben sie bewusst danach. Es ist nicht vernunftwidrig, von anderen gut behandelt werden zu wollen. Auch ist es nicht zu viel verlangt, seine Mitmenschen gut zu behandeln.

Es lässt sich kaum rechtfertigen, wenn man von anderen fordert, besser behandelt zu werden, als man sie behandelt. Worauf kann sich eine solche Forderung gründen? Reichtum? In dem Fall müsste derjenige, der 100.000 Euro im Jahr verdient und gut von einem behandelt werden will, der 25.000 Euro verdient, schlechte Behandlung von einem hinnehmen, der 500.000 Euro verdient!

Und wenn man als Grundlage für die Behandlung Talent nimmt? (Dafür waren zum Beispiel einige der Divas in der Musikbranche bekannt.) Soll der Talentiertere besser behandelt werden als der mit weniger Talent? Ja? Na gut, wer soll denn wen hier besser behandeln: Ein Udo Jürgens einen Herbert Grönemeyer? Bestimmt sich die Behandlung nach dem *Ausmaß* an natürlichem Talent oder dem, was die Leute aus ihrem Talent *machen*? Wie bewerten Sie etwas so Subjektives wie Talent überhaupt? Und was, wenn jemand mit Talent auf einem Gebiet jemandem begegnet mit Talent auf einem anderen Gebiet? Wer verdient die bessere Behandlung: Michael Schuhmacher oder Bill Gates?

Oder als Grundlage für die Behandlung würden eine Parteimitgliedschaft oder persönliche Überzeugungen dienen. Dann wären Mitglieder der anderen Partei an sich schon minderwertig, und wenn jemand Ihren Überzeugungen nicht zustimmt, verdient er automatisch eine schlechtere Behandlung. Und wenn Sie später feststellen, dass *die anderen* in einer bestimmten Frage Recht hatten? Da wendet sich das Blatt.

Sie sehen, wohin das führen kann. An welche willkürlichen Kriterien Sie auch denken mögen – ob Reichtum, Talent, Ideologie, Nationalität, Rasse oder sonst etwas –, mit Logik haben sie nichts zu tun. Am Ende ist es wie ein Kinderspiel, das mancher vielleicht noch kennt: Einer klettert auf einen Dreckhügel und versucht, oben zu bleiben, während die anderen versuchen, ihn herunterzubefördern. Man kann nur gewinnen, wenn man der größte Haudegen ist. Und selbst wenn man gewinnt, bekommt man doch ganz schön was ab.

Eine der ersten Regeln im menschlichen Miteinander heißt, eine gemeinsame Basis mit den anderen zu finden. Das ist eine gute Entscheidungsformel, ob beim Aufbauen neuer Freundschaften, bei einem Treffen mit Kunden, beim Unterrichten eines Schülers, dem Umgang mit Kindern oder im Streit mit dem Ehepartner. Wenn man ähnliche Erfahrungen vergleicht und gemeinsame Überzeugungen entdeckt, lässt sich der Weg zu erfolgreichen Beziehungen ebnen. Mit der Entscheidungsformel, einer goldenen Regel, kann man eine gemeinsame Grundlage mit jedem vernunftbegabten Menschen schaffen.

Mit der Entscheidungsformel kann man eine gemeinsame Grundlage mit jedem vernunftbegabten Menschen schaffen.

2. Die Entscheidungsformel ist einfach zu verstehen

Norman Cousins, der frühere Herausgeber der *Saturday Review of Literature* und Dozent an der Universität von Kalifornien schrieb einmal:

Mit den Begriffen „hart" und „weich" unterscheiden normalerweise Medizinstudenten ihre unterschiedlichen Fächer. Kurse wie Biochemie, Pharmakologie,

Anatomie und Pathologie erhalten die positiv gemeinte Bezeichnung „hart", während Fächer wie medizinische Ethik, Philosophie, Geschichte und Arzt-Patient-Beziehung unter dem weit weniger wohlwollenden Label „weich" firmieren. ... {Aber} ein oder zwei Jahrzehnte nach dem Examen kehrt sich das in der Regel um. Das, was man als hart betrachtet hat, entpuppt sich als weich und umgekehrt. Das Grundwissen der Medizin ändert sich laufend. ... Aber die weichen Fächer – vor allem die, die mit dem nicht Greifbaren zu tun haben – erweisen sich als von bleibendem Wert.[36]

Cousins' Beitrag beleuchtet ein Problem mit der Ethik. Die Menschen haben oft Schwierigkeiten, sich mit dem Thema zu befassen, weil es ihnen komplex und nicht greifbar erscheint. Ein hervorragendes Merkmal der Entscheidungsformel ist, dass sie das nicht Greifbare greifbar macht. Man muss sich nicht mit dem Gesetz auskennen. Man muss nicht die Feinheiten der Philosophie erkunden. Man muss sich einfach nur in einen anderen Menschen hineinversetzen. Das schafft sogar schon ein Kind. Da gibt es keine komplizierten Regeln und keine Hintertürchen.

Das heißt nicht, dass jede ethische Situation durch Anwenden der Entscheidungsformel gelöst werden kann. Manchmal besteht der schwierigste Teil der Frage „Wie würde ich in dieser Situation gerne behandelt werden?" darin festzulegen, *wer* von der Situation betroffen sein könnte und *wie* er davon beeinflusst wäre. Aber wie komplex das Gebiet auch ist, man wird es doch fast immer für sich erarbeiten, wenn man etwas darüber nachdenkt.

3. Die Entscheidungsformel ist eine Philosophie, bei der es nur Gewinner gibt

Sind Sie auch schon einmal jenen Menschen begegnet, die glauben, andere müssen verlieren, damit sie gewinnen können? Sie betrachten jeden als Feind, der zerschmettert werden muss. Oder sie nutzen Schwächen anderer aus, um zu gewinnen. Das scheint der Leitgedanke eines Fonds zu sein, der seit September 2002 zugänglich ist. Er nennt sich „Vice[37] Fund" und wird von der Mutuals.com, Inc. angeboten. Die Fonds-Verwalter preisen ihn als eine Investition in Unternehmen an, „die einen beträchtlichen Teil ihrer Einnahmen aus Produkten erzielen, die häufig als sozial unverantwortlich gelten", überwiegend nämlich Wetten, Tabak, Alkohol und Verteidigungswaffen, Industriezweige, die sie für nahezu „rezessionssicher" halten.[38]

Experten sagen, ein solches Investieren in „Untugenden" funktioniert nicht und ist nicht so profitabel wie das Investieren in „sozial verantwortliche" Unternehmen[39]. Aber aus dem Namen geht deutlich hervor, dass der Reiz des Fonds in der Vorstellung des Anlegers besteht, an den Schwächen anderer zu verdienen. Ich frage mich, was der Fonds-Manager davon halten würde, wenn er herausfände, dass sich andere sehr darum bemühen, aus seinen persönlichen Makeln Profit zu schlagen. Lebt man nach der Entscheidungsformel, der goldenen Regel, gewinnen alle. Behandle ich Sie so, wie ich gerne behandelt werden möchte, gewinnen Sie. Behandeln Sie mich ebenso, gewinne ich. Wo ist hier der Verlierer?

4. Die Entscheidungsformel ist ein Kompass für den richtigen Kurs

Die Entscheidungsformel leistet mehr, als Menschen zu Gewinnern zu machen. Sie ist auch von innerem Wert für alle, die sie befolgen. Fernsehkommentator Ted Koppel sagt: „Harmonie und inneren Frieden findet man, wenn man einem moralischen Kompass folgt, der unabhängig von Mode oder Trend immer in dieselbe Richtung weist."

In einer Welt mit großen Unsicherheiten suchen viele Menschen, so denke ich, nach einer Richtung. Das kann die Entscheidungsformel leisten. Sie ändert sich nie, auch wenn das die Umstände tun. Sie gibt verlässlich und vorhersehbar den Kurs an, sooft man sie anwendet. Und das Beste ist: Sie *funktioniert* tatsächlich.

> „Harmonie und inneren Frieden findet man, wenn man einem moralischen Kompass folgt, der unabhängig von Mode oder Trend immer in dieselbe Richtung weist." Ted Koppel

Immer gleich entscheiden

Auf meinen Vortragsreisen begegnen mir weltweit in den Unternehmen zahllose interessante Menschen und viele hervorragende Führungskräfte. 1998 traf ich auf einer Lesereise jemanden, der in beide Kategorien passt. Jim Blanchard ist CEO der Synovus Financial Corp., einer Holdinggesellschaft von achtunddreißig Banken in fünf US-Staaten und Inhaber von 80% an einem Service-Provider für elektronische Zahlungsmittel. Auf der Website des Unternehmens steht, der Name ist „eine Kombination aus den Wörtern *Synergie* und *novus* – wobei *Synergie* die Wechselwirkung einzelner Komponenten bedeutet, sodass das Ergebnis größer ist als die Summe der Einzelteile; und *novus* bedeutet in der Regel von überragender Qualität und anders als die anderen derselben Kategorie."

Die Gesellschaft besitzt über 18 Milliarden Dollar an Vermögenswerten, beschäftigt über neuntausend Mitarbeiter und ist im Standard & Poor's 500 Index (NYSE: SNV) aufgeführt.[40]

Wenn Sie regelmäßig den Wirtschaftsteil lesen, kennen Sie Synovus womöglich bereits. 1998 führte das Magazin *Fortune* seine Liste der 100 besten Arbeitgeber Amerikas ("100 Best Companies to Work For in America") ein. 1999 lag Synovus auf Platz eins! Seither ist das Unternehmen jedes Jahr dort aufgelistet. (Im Januar 2003 stand Synovus landesweit an neunter Stelle.)

Als Unternehmer wollte ich herausfinden, wie jemand das beste Unternehmen ins Leben ruft, für das man in Amerika arbeitet. Also führte ich mit Jim Blanchard ein Gespräch. Ein paar Jahre nach Abschluss seines Jurastudiums, so erzählte er, wurde er mit neunundzwanzig Jahren an die Spitze der Columbus Bank and Trust Company gewählt. Im Laufe der Jahre baute er das Unternehmen auf und aus. Doch dann entschied er sich in den 90er-Jahren, dass er die ethischen Prinzipien und Werte, die er bei der Unternehmensführung persönlich immer beachtet hatte, auch zum Bestandteil des expandierenden Unternehmens machen wollte. "Wir mussten sie institutionalisieren und wir mussten sie geltend machen und verstärken", sagte er. Und das bedeutete Veränderungen – große Veränderungen.

Viele Geschäftspraktiken, die sich im Laufe der Jahre entwickelt hatten, wurden abgebaut, wie beispielsweise in den Bereichen Beförderung, Gehälter und Revision.

Sie führten auch eine so genannte Menschen-Entfaltungs-

Komponente ein, deren Herzstück eine Verpflichtung gegenüber der Belegschaft ist. Dazu Blanchard:

> Als Führungskräfte von Synovus haben wir uns vorgenommen, keinen niederträchtigen, manipulierenden, befehlenden Führungsstil in unserem Unternehmen mehr zuzulassen. Und wir wollten jedem, der so war, weiterhelfen – wenn er willens war, es zu versuchen. Aber wenn sich einer nicht ändern konnte oder wollte, haben wir ihn gebeten zu gehen.
>
> Bei uns soll sich jeder Mitarbeiter sicher fühlen können. Die Beschäftigten sollen nicht schikaniert und herumgeschubst werden – keiner soll „nach oben buckeln und nach unten treten", also hier schön reden, und da im eigenen Büro um sich schlagen. Ich habe mich schon in vielen Diskussionsrunden hingestellt und gesagt: „Für dieses Versprechen stelle ich Ihnen einen Blankoscheck aus, und ich möchte, dass Sie ihn einlösen. Wenn der Scheck platzt, brauchen Sie mir nie wieder etwas zu glauben."
>
> Bald schon brachte die helle Sonne die schlechten Führungskräfte an den Tag. Wir haben in den vergangenen sechs oder sieben Jahren zwei- bis dreihundert von ihnen hinausbefördert, weil sie sich nicht nach der Norm richten wollten, andere richtig zu behandeln, mit Respekt, Wertschätzung, Anerkennung, Rücksicht. Und im Grunde haben wir allem die Spitze aufgesetzt, indem wir gesagt haben, wenn wir in diesem Unternehmen nur eine einzige Regel hätten, dann wäre es die Entschei-

„Wenn wir in diesem Unternehmen nur eine einzige Regel hätten, dann wäre es die Entscheidungsformel. Wenn wir die richtig angehen, brauchen wir keine anderen Regeln."
Jim Blanchard

dungsformel. Wenn wir die richtig angehen, brauchen wir keine anderen Regeln.[41]

Vielen ist die Entscheidungsformel ein zu weicher Ansatz für die Wirtschaft. Doch nichts könnte weiter entfernt sein von der Wahrheit. Bei Synovus duldet man keine Arroganz, erwartet aber hervorragende Leistung. Blanchard sagt: „Unsere Firmenstrategie ist kein Deckmantel für Faulheit, Durchschnitt und Mittelmäßigkeit. Wir sind sehr fordernd und konkurrierend, doch dabei schubsen wir keinen herum."[42]

Befragt nach den Vorzügen der Entscheidungsformel, antwortete er:

> Die greifbaren Vorzüge sind geringere Fluktuation, weniger Gänge vor die Kommission für Chancengleichheit auf dem Arbeitsmarkt, praktisch keine Fälle von Schikane mehr. Aber die nicht greifbaren Vorzüge sind: Die Besten werden gehalten, die jungen aufstrebenden Führungskräfte wollen bleiben, und es herrscht ein gedeihliches Miteinander, in dem niemand unterdrückt wird. Man erhält also optimales und maximales Wachstum auf höchstem Niveau. …

Und wenn die Menschen so erfolgreich sind, ist das wie wenn man bei einem Autorennen im Windschatten fährt. Die einen ziehen die anderen mit, die anderen streben danach, ihr Ziel genauso zu erreichen und zu vollenden wie die ersten. Die Entscheidungsformel, die goldene Regel zu befolgen ist ein Gewinn für alle.[43]

Ja, die Entscheidungsformel ist ein wirklicher Gewinn für alle! Diese goldene Regel ist gut für die Beschäftigten. Sie ist gut für die Kunden. Und sie ist gut für die Anleger. Nach Angaben der Robinson-Humphrey Company haben die Synovus-Aktien den zweithöchsten Gewinn an der New Yorker Börse sei über zwanzig Jahren erzielt![44] So einen Gewinn wünschen sich alle. Die Entscheidungsformel funktioniert wirklich.

Fragen zur Diskussion

1. Wie ordnen Sie andere Menschen spontan ein? Verwenden Sie Kriterien wie Talent, Reichtum, Intelligenz, Schönheit oder Begabung? Oder verwenden Sie eigene Kriterien?
Nachdem Sie nun Ihre spontane Neigung erkannt haben, denken Sie darüber nach, wie Ihr Umgang mit Menschen davon beeinflusst wird. Wie könnten Ihre ethischen Normen davon betroffen sein?

2. Wie haben Sie auf die vielen Varianten der Entscheidungsformel in den Weltreligionen reagiert? Glauben Sie, die Universalität dieser goldenen Regel ist auf die Frage nach einem einzigen Ethik-Standard anwendbar?

3. Welche Vorzüge hat es, die Entscheidungsformel als goldene Regel für persönliches ethisches Verhalten anzuwenden? Für Unternehmen? Welche Hindernisse sehen Sie?

4. Können Sie sich eine Situation vorstellen, in der es schwierig wäre, die goldene Regel als ethischen Standard anzuwenden? Wenn ja, erforschen Sie, wer von der Entscheidung betroffen wäre und wie sie sich auf ihn auswirken würde. Falls Sie noch Schwierigkeiten sehen, diskutieren Sie mit einem Freund oder Kollegen, ob Sie nicht doch zu einer Anwendungsmöglichkeit kommen.

5. Jim Blanchard meinte, zu den Vorzügen der Anwendung der Entscheidungsformel bei Synovus gehören „geringere Fluktuation, weniger Gänge vor die Kommission für Chancengleichheit auf dem Arbeitsmarkt, praktisch keine Fälle von Schikane mehr". Welche Vorzüge können Sie sich in Ihrem Unternehmen oder Industriezweig vorstellen?

Die Entscheidungsformel will angewendet werden

Nachdem der Autor und Referent Zig Ziglar einen Vortrag von mir über die Führungsqualitäten der Gründerväter Amerikas gehört hatte, schrieb er mir eine Notiz. Zig und ich sind seit Jahren gute Freunde und ich weiß seine klugen Ansichten zum Thema Führungsqualitäten zu schätzen. Folgendes schrieb er:

> Ich glaube, wir hatten in der Anfangszeit der Geschichte unseres Landes deshalb so viele herausragende Führungspersönlichkeiten, weil für die Männer, die du erwähnst, die Erziehungsprinzipien zu 90 Prozent aus moralischen, ethischen, religiösen Werten bestanden. Doch zu Beginn der 1950er-Jahre war der Anteil dieser Werte an der Erziehung so gering, dass er nicht mehr messbar war. Ich frage mich, ob die Amerikaner deshalb 1776 einen Washington, Madison, Jefferson, Hamilton, Adams usw. hervorbrachten, wir im Jahre 2002 aber kein vergleichbares Kaliber haben.[45]

Eine strenge moralische Erziehung, wie Zig sie umschrieb, versetzt einen Menschen in die Lage, gute ethische Entscheidungen zu treffen. Da heute jedoch nur wenige Menschen eine solche Grundlage besitzen, wo soll man da ansetzen? Wie kann man etwas so Allgemeines wie die Entscheidungsformel in das Alltagsdenken einbauen? Ich finde, am besten fangen wir bei dem an, was *Sie* wollen.

Wie möchten Sie behandelt werden?

Die Menschen sind sich ihrem Wesen nach ziemlich ähnlich. Menschen jeden Alters, Geschlechts, Rasse oder Nationalität haben bestimmte Dinge gemeinsam. Und wenn Sie erst diese gemeinsamen Merkmale identifiziert und sie zuerst bei sich selbst, dann bei anderen erkannt haben, halten Sie den Schlüssel zur Entscheidungsformel in Händen. Im Folgenden ist kurz aufgelistet, wie alle Menschen meiner Meinung nach behandelt werden wollen:

1. Ich möchte geachtet werden

Wussten Sie, dass 70 Prozent derjenigen, die in Amerika ihren Arbeitsplatz verlassen, deswegen wechseln, weil sie sich nicht geachtet fühlen? Diese Klage zeigt, wie schlecht viele Vorgesetzte ihre Mitarbeiter behandeln. Kein Mensch auf der Welt will von anderen nicht geachtet werden.[46] Möchten Sie nicht, dass andere Sie so akzeptieren, wie Sie sind, und Ihnen durch ihr Handeln zeigen, dass Sie etwas wert sind?

70 Prozent derjenigen, die in Amerika ihren Arbeitsplatz verlassen, wechseln deswegen, weil sie sich nicht geachtet fühlen.

Eines jener Unternehmen, das sich dadurch auszeichnet, dass es seine Mitarbeiter achtet, ist Mission Controls. Die High-Tec-Firma hat ihren Sitz in Irvine, Kalifornien, und entwirft und installiert automatisierte Systeme für Speisen und Getränke. Die Firma arbeitet von Vertrag zu Vertrag, sodass sie manchmal Durststrecken mit relativ wenig Arbeit zu bewältigen hat. Viele ähnliche Unternehmen entlassen einfach ihre Mitarbeiter, wenn die Geschäfte schlecht laufen. Mission Controls hingegen nicht. Firmengründer Craig Nelson, Neal Vaoifi und

Scott Young legten gleich zu Beginn fest, dass sie eher selbst auf ihr Einkommen verzichten, als dass sie auch nur einen ihrer fünfunddreißig Beschäftigten entlassen.

Der Wunsch der Gründer, ihre besten Leute zu halten und ihnen zu zeigen, dass sie sie achten, war ein ziemlich idealistisches Ziel. Und ihre Selbstverpflichtung wurde gleich im ersten Jahr nach der Gründung auf die Probe gestellt, als sie eine achtmonatige Durststrecke zu überstehen hatten. Doch sie hielten durch und bezogen die ganze Zeit kein Einkommen.

Die Gründer von Mission Controls halten noch immer Wort. Jedes Mal, wenn die Verkaufszahlen sinken und die Kostenreduzierung nicht genug Einsparung bringt, meldet sich der Wirtschaftsprüfer und setzt den Plan zur Aussetzung der Managergehälter um. Währenddessen bleiben die Mitarbeitergehälter und Sondervergütungen unangetastet. Erreicht das Unternehmen dann wieder eine gewisse Höhe an Cashflow und Rentabilität, erhalten die Geschäftsführer auch wieder ein Gehalt. Und zwar nicht rückwirkend, falls Sie sich das gefragt haben sollten. Nelson meint: „Augenscheinlich tun die Unternehmen alles, um Gewinn zu machen, allerdings auf Kosten der Menschen."[47]

Nelson, Vaoifi und Young erkennen, wie wichtig es doch ist, geachtet zu werden, und sie behandeln ihre Beschäftigten so, wie sie gerne behandelt würden.

Hat Ihnen ein anderer Mensch jemals das Gefühl vermittelt, wertlos zu sein? Vielleicht hat Ihnen ein Elternteil gesagt, aus Ihnen würde ja doch nichts. Oder ein Vorgesetzter meinte, Sie oder Ihre Abteilung wären eine Last für das ganze Unternehmen. Oder vielleicht sind Sie öffentlich gedemütigt worden. Dann wissen Sie ja, wie wichtig es ist, von einem anderen Menschen geachtet zu werden. Tief im Innern möchte jeder Mensch spüren, dass er so, wie er ist, etwas gilt.

Andere zu achten, nicht für das, was sie tun, sondern einfach weil sie Menschen sind, ist die Grundlage der Entscheidungsformel, unserer goldenen Regel. Wenn Sie in solchen Kategorien denken lernen können, haben Sie einen entscheidenden Schritt dahin gemacht, die Entscheidungsformel zur ethischen Richtschnur Ihres Lebens zu machen.

2. Ich möchte anerkannt werden

Der Wunsch, geliebt und geachtet zu werden, ist vielleicht das grundlegende Bedürfnis jedes Menschen. Eng damit verwandt ist unser Wunsch, dass unser Handeln anerkannt wird. Wer wünscht sich denn nicht, sich hervorzutun und etwas zu erreichen? Und sollen Ihre Fähigkeiten und Bemühungen, die Sie in Ihre Arbeit stecken, keine Anerkennung finden? Das Wissen, dass Ihre Arbeit von Bedeutung ist, ist Grundlage für Ihr Selbstvertrauen und Ihr Selbstwertgefühl. Die Menschen, die mit Ihnen und für Sie arbeiten, wünschen sich dasselbe, auch wenn sie es nicht zeigen. Der Autor und Experte für zwischenmenschliche Beziehungen Donald Laird bekräftigt: „Ein Zuschuss zum Lohn ist nicht gleichbedeutend mit Lohnerhöhung. Der beste Zuschuss ist das Lob, das dem Arbeiter Selbstsicherheit verleiht und seine Anteilnahme lebendig erhält. ... Die beste Art, jemand anzuspornen, besteht darin, ihm entweder ein Wort der Ermutigung zu sagen – oder zu schweigen."[48]

Wie geht das? Fangen Sie damit an, dass Sie die anderen wissen lassen, dass Sie ihre Bemühungen anerkennen. Danken Sie ihnen bei jeder Gelegenheit. Schenken Sie anderen Glauben, sooft Sie können. Und machen Sie es sich zur Gewohnheit, andere Menschen im Beisein derer zu loben, die ihnen am nächsten stehen, z.B. ihrer Familie. Dazu nochmals Laird: „Lob zählt am meisten, wenn es der Chef oder ein naher Verwandter spendet. Leider sind das gerade die Menschen, die es am häufigsten vermissen lassen."[49]

3. Ich will, dass man mir vertraut

Der viktorianische Schriftsteller George MacDonald sagte: „Vertrauen geschenkt zu bekommen ist ein größeres Geschenk als geliebt zu werden." In *Leadership*[50] lesen wir im Kapitel „Das Prinzip vom Festen Boden": „Vertrauen ist das Fundament aller Führung." Das stimmt zwar, aber allgemein ist Vertrauen die Grundlage *aller* guten Beziehungen. Gute Ehen, gute Geschäftsbeziehungen, gute Freundschaften – sie alle erfordern Vertrauen. Ohne Vertrauen kann es keine offene und ehrliche Interaktion geben und die Beziehung wird nur vorübergehend von Bestand sein.

> „Vertrauen geschenkt zu bekommen ist ein größeres Geschenk als geliebt zu werden."
> George MacDonald

Manchester Inc., eine Consulting-Firma in Philadelphia, entdeckte anhand eine Befragung von über zweihundert Unternehmen die besten Arten der Vertrauensbildung mit Angestellten. Sie fanden heraus, dass Menschen, die Vertrauen erwecken, …

- Integrität wahren.
- Visionen und Werte offen vermitteln.
- Beschäftigten als gleichberechtigten Partnern Respekt bezeugen.
- den Schwerpunkt auf gemeinsame Ziele statt auf persönliche Zeitpläne legen.
- das Richtige tun ungeachtet persönlicher Risiken.
- aufmerksam und ergebnisoffen zuhören.

- Mitgefühl bekunden.
- Vertrauliches für sich behalten.[51]

Sie haben zwar nicht in der Hand, ob die Menschen Ihnen Vertrauen entgegenbringen, aber Sie können Ihr Verhalten ihnen gegenüber steuern. Und Sie können beschließen, ihnen *Ihr* Vertrauen zu schenken. Der frühere US-Außenminister Henry L. Stimson bemerkte einmal: „Die wichtigste Lektion, die ich in einem langen Leben gelernt habe, ist die: Die einzige Art, einen Menschen vertrauenswürdig zu machen ist, ihm zu vertrauen; und die sicherste Art, ihn nicht vertrauenswürdig zu machen ist, ihm zu misstrauen und das Misstrauen zu zeigen."

Es ist schon ein Glaubenssprung, einem anderen Menschen zu vertrauen, vor allem wenn man ihn nicht so genau kennt. Doch genau das ist bei der Umsetzung der Entscheidungsformel gefragt. Wenn Sie in andere genauso viel Vertrauen setzen, wie man Ihnen vertrauen soll, lassen Sie sich mit den Worten von Camillo Benso di Cavour trösten: „Wer anderen Menschen vertraut, macht weniger Fehler als einer, der ihnen misstraut."

4. Ich möchte respektiert werden

Wenn andere mir vertrauen, erlange ich Verlässlichkeit und Autorität. Wenn andere mich respektieren, berührt mich das viel tiefer. Es verleiht mir Würde, und es baut mein Zutrauen auf. Der indische General und frühere Olympia-Teilnehmer Dalip Singh merkte an: „Ein Mensch, der nicht sein eigenes Leben und das anderer Menschen respektiert, beraubt sich selber seiner Würde als Mensch."

Vor nicht allzu langer Zeit las ich einen Artikel über einen jungen Mann, der mit 23 schon eine Stelle als Pastor in einer

Gemeinde übernahm. Er fühlte sich etwas unbehaglich, weil er der geistliche Leiter von Leuten sein sollte, deren Kinder und Enkel älter waren als er. Seine Geschichte faszinierte mich, denn ich hatte mich in meinem früheren Berufsleben in einer ähnlichen Lage befunden. Wie ging er damit um? Indem er seinen Mitmenschen Respekt bezeugte und sie bat, ihn gleichermaßen zu behandeln. Um allen seine Maßstäbe deutlich zu machen, stellte er zehn Regeln für Respekt auf, nach denen er sich zu richten versprach, und die ihm gegenüber zu beachten er seine Gemeinde bat. Dies sind die Regeln:

1. Wenn Sie ein Problem mit mir haben, kommen Sie zu mir (vertraulich).
2. Wenn ich ein Problem mit Ihnen habe, komme ich zu Ihnen (vertraulich).
3. Hat jemand ein Problem mit mir und kommt damit zu Ihnen, schicken Sie ihn zu mir. (Dasselbe werde ich für Sie tun.)
4. Will jemand hartnäckig nicht zu mir kommen, sagen Sie ihm: „Komm, wir gehen gemeinsam zu ihm. Wir können bestimmt mit ihm darüber reden." (Dasselbe werde ich für Sie tun.)
5. Seien Sie vorsichtig, wie Sie mich interpretieren – das mache ich lieber selbst. Ist etwas unklar, erliegen Sie nicht dem Druck, meine Gefühle oder Gedanken zu interpretieren. Absichten lassen sich leicht fehlinterpretieren.
6. Ich werde vorsichtig sein, wie ich Sie interpretiere.
7. Ist etwas vertraulich, erzählen Sie es nicht weiter. Wenn Sie oder jemand anderes mir etwas im Vertrauen erzählt, sage ich es nicht weiter, es sei denn, (a) der- oder diejenige wolle sich etwas antun, (b) der- oder diejenige will anderen etwas antun, (c) ein Kind wäre physisch oder sexuell missbraucht worden. Dasselbe erwarte ich von Ihnen.

8. Ich lese keine anonymen Briefe oder Zettel.
9. Ich manipuliere nicht; ich lasse mich nicht manipulieren; lassen Sie sich nicht von anderen manipulieren. Lassen Sie andere nicht versuchen, mich durch Sie zu manipulieren.
10. Sprechen Sie Zweifel aus. Wenn ich sie ausräumen kann, ohne etwas falsch zu interpretieren oder etwas Vertrauliches preiszugeben, werde ich es tun.[52]

Der Autor Arnold Glasow sagte: „Der Respekt derjenigen, die Sie respektieren, ist mehr wert als der Beifall der Menge."

Die meisten Menschen wünschen sich zutiefst den Respekt der Leute, für die sie arbeiten. Und wenn Arbeitgeber großzügig damit umgehen, gestaltet sich das Arbeitsumfeld sehr positiv. Ein Arbeitgeber, der das vorlebt, ist Mitchell Burman, CEO der Consulting-Firma Analytics Operations Engineering in Boston. Er zollt seinen Angestellten den Respekt, den sich jeder verantwortungsbewusste Mensch wünscht. Die zehn Berater, die er beschäftigt, werden als Profis betrachtet und wie Partner behandelt – was sie nach einem Jahr Betriebszugehörigkeit schließlich auch werden können, wenn sie Aktien des Unternehmens kaufen. Aber auch schon vorher dürfen sie Entscheidungen treffen, die reinen Angestellten selten zustehen. Sie suchen sich ihre Projekte aus, ihre Arbeitszeit, ihren Arbeitsplatz, und sie bestimmen die Dauer ihres Urlaubs.

„Der Respekt derjenigen, die Sie respektieren, ist mehr wert als der Beifall der Menge."
Arnold Glasow

„Ich bewerte einen Angestellten nach dem, was er hervorbringt", sagt Burman. „Mir ist es egal, wo er das macht, meinetwegen in Timbuktu."

Burmans Ziel ist, dass jeder Berater mindestens 100.000 Dollar pro Jahr in Rechnung stellen kann und dass jeder fakturierte Dollar wie folgt aufgeteilt wird: 30 Prozent an den, der die Arbeit tut, 15 Prozent an den, der sie verkauft, 10 Prozent an den, der sie verwaltet, 5 Prozent Steuern, 20 Prozent Betriebskosten und 20 Prozent Gewinn.[53]

Die Art von Respekt gegenüber den Beschäftigten gibt ihnen die Freiheit, das Beste aus sich herauszuholen, und den Ansporn, hervorragende Arbeit zu leisten. Und das ist nicht nur eine Ehre für den Menschen, sondern auch gut für das Unternehmen. James Howell sagte einmal: „Respektiere einen Menschen, und er wird umso mehr tun."

5. Ich möchte verstanden werden

In einer Umfrage wurden zweitausend Arbeitgeber befragt, welche drei Mitarbeiter sie zuletzt entlassen haben und warum. Die Meinungsforscher fanden heraus, dass die Gekündigten in zwei von drei Fällen ihren Job verloren haben, weil sie nicht mit anderen klarkamen.

Manchmal kommen zwischenmenschliche Probleme durch Gefühllosigkeit oder Gleichgültigkeit zustande. Häufiger jedoch ist die Ursache ein Mangel an Verständnis. Wir sind oft schnell dabei, den Fehler bei anderen zu finden, wenn sie nicht mit unseren Denkmustern oder Normen übereinstimmen. Wenn wir uns aber die Mühe machen, sie näher kennen zu lernen, entdecken wir häufig, dass ihre Art und Weise gar nicht verkehrt ist – sie ist nur anders. Wir finden womöglich heraus, dass sie anders reagieren, weil sie nicht die Vorteile hatten, die wir haben. Oder wir merken, dass sie auf Bedingungen oder Handlungen reagieren, die sie nicht beeinflussen können. Haben wir diese Bedingungen erst überwunden, können wir gefühlsmäßig zu anderen Verbindung aufnehmen. Und darum geht es beim Verstehen. Menschen handeln doch nicht wie Maschinen. Wir alle sind emotional geprägte Geschöpfe.

Versuchen Sie beim Umgang mit anderen als Erstes zu verstehen, dann erst, verstanden zu werden. Das erfordert eine flexible, gelehrige Haltung. Der Theologe Hans Küng bemerkte einmal sinngemäß, jemanden richtig zu verstehen bedeute auch, von ihm zu lernen, und von jemandem richtig zu lernen bedeute auch, sich zu ändern. Andere Menschen zu verstehen bedeutet, sich selbst nach ihnen auszustrecken und sie auf ihrer Ebene abzuholen, sich selbst die Mühe zu machen, eine Verbindung herzustellen, anstatt das ihnen zu überlassen. Und man tut gut daran, sich an die Worte des Erfinders Charles Kettering zu erinnern: „Es gibt einen großen Unterschied zwischen Wissen und Verstehen: Man kann viel über etwas wissen und es doch nicht richtig verstehen." Das gilt auch für Menschen.

Versuchen Sie als erstes den anderen zu verstehen, dann erst, verstanden zu werden.

6. Ich möchte nicht ausgenutzt werden

Wenn es darum geht, wie andere mich behandeln, ist mir nichts so sehr zuwider wie ausgenutzt zu werden. Das liegt wirklich allem ethischen Verhalten zugrunde. Die meisten von uns brauchen sich nicht mit komplizierten philosophischen Rätseln oder ethischen Fragen zu befassen. Wenn andere Menschen sich zusammenreimen können, dass ich sie ausnutze (selbst wenn ich ihnen meine Motive erklären könnte), kommen meine Handlungen vermutlich schlecht an.

Im Januar 2003 starb Marvin Bower. Lange Zeit stand er McKinsey & Company vor, einem Unternehmen, das als Begründer des professionellen Management Consulting bezeichnet wird. Bower fing 1933 dort an. Ab 1950 war er siebzehn Jahre lang Managing Director, dann hatte er bis zu seiner Pensionierung 1992 den Posten des Director und Partner inne. Von Beginn seines Wirkens an hatte Bower erheblichen Einfluss auf das Unternehmen. Er flößte ihm die Wertvorstellung ein, anderen Menschen den Vorrang zu geben. „Er bestand darauf, Kundeninteressen über Firmeninteressen zu stellen", heißt es in einer Veröffentlichung des Unternehmens, „und dass man Termine nur dann ausmacht, wenn zu erwarten ist, dass wir den Kunden höher schätzen als unsere Vergütungen."[54]

Das war kein reines Lippenbekenntnis. 1950 wurde Bower von dem Milliardär Howard Hughes gebeten, ihm beim Aufbau von Paramount Pictures zu helfen. Bower traf sich in Los Angeles mit Hughes und wurde fürstlich empfangen. Hughes selbst führte ihn umher und machte mit ihm einen Rundflug mit der *Spruce Goose*, dem Holzflugzeug, das Hughes gebaut hatte und das zum größten flugfähigen Flugboot überhaupt wurde. Doch nachdem Bower sich mit den Problemen von Paramount und Hughes unorthodoxen Geschäftsauffassungen beschäftigt hatte, wurde ihm klar, dass er ihm nicht würde helfen können. Also lehnte er das Angebot ab. Werte waren ihm wichtiger als Geld.[55] Er wollte niemanden ausnutzen. So lebt einer, dessen Entscheidungsformel die goldene Regel ist!

Es wäre für Marvin Bower ein Leichtes gewesen, von Howard Hughes Geld anzunehmen und ihm nichts von Wert zurückzugeben. Schließlich war ja Hughes ein milliardenschwerer Mann; es wäre ihm nie aufgefallen. Aber darum geht es nicht. Es spielt keine Rolle, ob man einen Nachbarn belügt oder ein großes Unternehmen betrügt; in jedem Fall sind einzelne Menschen betroffen – wie auch immer. Und wenn dieses Handeln sie abwertet oder ausnutzt, verletzt sie das so, wie wir niemals verletzt werden möchten.

Es spielt keine Rolle, ob man einen Nachbarn belügt oder ein großes Unternehmen betrügt; immer sind einzelne Menschen betroffen.

Zurück zu den Menschen

Einige Unternehmen in den USA lernen diese Lektion neu. Sie entdecken den Wert des Wertschätzens von Menschen neu, und sie führen Veränderungen durch, um die gute Behandlung ihrer Beschäftigten zu fördern. Ein solches Unternehmen ist HomeBanc, ein im Hypothekenbereich tätiges Unternehmen mit Sitz in Atlanta, das über tausend Mitarbeiter beschäftigt. Nach über anderthalbjähriger Suche (und einer ganzseitigen Anzeige für mehr als 50.000 Dollar) fand das Unternehmen schließlich, was es suchte: einen „chief people officer" – ein Vorstandsmitglied für die Belange von Menschen.

HomeBanc-Chef Patrick Flood sagt: „Bei Führungskräften in Unternehmen und Staat zeigen sich erhebliche Wesensmängel. Die CEOs nehmen sich allzu wichtig und glauben, sie stünden für den Erfolg des Unternehmens. Wir spielen zwar tatsächlich eine Rolle, aber der eigentliche Erfolg kommt von den Menschen, die die Knochenarbeit leisten – den Arbeitern."[56] Damit sich das Unternehmen weiterhin auf seine Mitarbeiter konzentriert, während es in zwei Jahren um 50 Prozent expandierte, stellte es Dr. Dwight „Ike" Reighard ein, einen Pastor, der seit achtundzwanzig Jahren mit Menschen arbeitet. Ike, der zufälligerweise ein Freund von mir ist, ist verantwortlich für die Leitung der Unternehmungskultur und das Ausfeilen seiner ethischen Leadership-Leitlinien. Das ist ihm wie auf den Leib geschnitten.

Und was wird er tun, damit HomeBanc weiterhin die Menschen an die erste Stelle setzt? Ganz einfach. Er erinnert jeden daran, andere so zu behandeln, wie er selbst behandelt werden möchte. Wenn jemand sich dessen wohl bewusst ist, wie er behandelt werden möchte – mit Würde, Respekt, Verständnis und Vertrauen – kann er sich leicht ausmalen, wie er andere behandeln soll.

Fragen zur Diskussion

1. Wie sah Ihre frühe Erziehung oder Ausbildung in Fragen der Moral oder Ethik aus? Halten Sie Ihre eigenen Erfahrungen eher für eine Stärke oder einen Mangel?

2. Beschreiben Sie eine Begebenheit aus Ihrer Vergangenheit, in der eine Autoritätsperson Ihnen gegenüber Wertschätzung und Respekt zum Ausdruck brachte. Warum ist das für Sie so hervorstechend? Wie haben Sie reagiert?

3. Beschreiben Sie eine Begebenheit aus Ihrer Vergangenheit, in der Ihnen jemand mit Respektlosigkeit oder Misstrauen begegnete. Wie haben Sie reagiert? Wie hat sich das auf Ihren Umgangston mit diesem Menschen ausgewirkt? Konnten Sie die Sache aufarbeiten und die Beziehung herstellen oder kitten?

4. Wenn Sie mit Menschen zusammenkommen, die deutlich anders sind als Sie, wie reagieren Sie auf sie?
   a. Normalerweise erwarte ich, dass sie sich auf meine Ebene begeben.
   b. Ich finde es angemessen, wenn sie mir auf halbem Wege entgegenkommen.
   c. Normalerweise versuche ich, mich auf ihre Ebene zu begeben.
   Wie wirkt sich Ihr Ansatz auf das Miteinander mit anderen Menschen aus?

5. Sind Sie bereit, Dinge vom Standpunkt eines anderen aus zu sehen? Wie groß wäre Ihr Aufwand, sich zu ändern? Welcher Lebensbereich wäre am meisten von einer Veränderung betroffen?

4

Ein 24-Karat-Gold-Leben führen

Was fällt Ihnen ein, wenn Sie an Universitätssport in den USA denken? Begeisterte Fans und Studenten, die ihrem Team fanatisch zujubeln? Spieler, die eher ihre persönlichen Privilegien auf dem Campus ausnutzen als die Schwächen ihrer Gegner während des Spiels? Trainer, die um jeden Preis gewinnen und die Meisterschaft erringen wollen? Entspricht das Ihrem Bild, müssen Sie unbedingt Trainer Mark Richt von der Universität von Georgia kennen lernen.

Als Richt im Dezember 2000 von der Universität von Georgia angeheuert wurde, erwartete man offenbar von ihm einen guten Einfluss auf das Team. Wie alle Männer, die an die Trainerspitze einen großen Football-Teams gestellt werden, hat auch Richt einige Erfolge vorzuweisen. Trotz seiner erst vierzig Jahre hatte er bereits fünfzehn Jahre Berufserfahrung, darunter sieben Jahre an der Florida State Universität. Und er krempelte das Team der Universität von Georgia rasch um. In zwei Spielzeiten gewann Richt nicht nur eine Divisionsmeisterschaft (die erste seit zwanzig Jahren), sondern brachte die Georgia's Bulldogs auf Platz 3 der Nation. Bemerkenswerter als der Erfolg des Teams war die Art, wie Richt das schaffte. Damals wie heute konzentrierte er sich nie auf Meisterschaften. Sondern auf den Charakter.

Eine andere Erziehungsmethode

„Wenn du einen guten Charakter hast, bist du fleißig und tust, worum dich deine Trainer bitten", sagt Richt. „All unsere Spieler haben Talent, aber wer auf akademischer, sozialer oder sonstiger Ebene keinen Ballast mit sich herumschleppt, scheint an die Spitze zu kommen."

Um sich auf die Ausbildung des Charakters seiner Sportler zu konzentrieren, hat Richt im Football-Team von Georgia etwas Einzigartiges eingeführt. Er hält mehrmals die Woche eine viertelstündige Versammlung ab, die er „Männer von Charakter zwischen den Hecken" nennt (das Stadion des Football-Teams ist von Hecken umsäumt – daher der Name). Der Lehrgang kam durch Bobby Lankford nach Georgia, der mit den Spielern manchmal als eine Art Charakter-Coach arbeitet. In der letzten Saison wurde das Programm von allen Erstsemestern verlangt. Irgendwann werden es alle Football-Spieler belegen. Der Charakter-Kurs ist in der Tat so bedeutend, dass der Sportfunktionär Vince Dooley am liebsten alle Sportler in einem solchen Kurs sehen würde – eines Tages womöglich als Hauptschein für einen akademischen Abschluss.

Richt hat den Respekt seiner Spieler nicht nur durch sein Coaching gewonnen, sondern auch durch seinen eigenen guten Charakter. Das wurde in seinem ersten Jahr in Georgia nach einem Spiel gegen Auburn offenkundig. Als er in den letzten Spielsekunden eine falsche Entscheidung traf, verlor sein Team. Richt suchte weder Ausflüchte, noch schob er die Schuld den anderen zu. Er entschuldigte sich bei dem Team. Dazu Quarterback David Greene: „Als Spieler hast du Respekt vor jemandem, der einen Fehler zugeben kann. Jedem fällt es schwer, einen Fehler zuzugeben – umso mehr einem Football-Trainer."[57]

Richt sieht seine Rolle darin, das Leben anderer zu verbessern und nicht nur die Pokalsammlung der Universität zu erweitern. Darauf versteht er sich offenbar gut. Ein Sportkommentator schrieb: „Kaum einer, dem Richt in den letzten 15 Jahren über den Weg gelaufen ist, wird das Gefühl haben, diese Begegnung hätte nicht diesen Weg hell erleuchtet."[58]

Wenn seine Spieler künftig Fehler machen – was beinahe unweigerlich der Fall sein wird – werden seine Entscheidungen auf Charakter beruhen.

„Falls diese Spieler", erläutert Richt, „später einmal bessere Menschen sind, weil sie in Georgia waren, werde ich begeistert sein. Wenn ein Typ sagt, er ist ein besserer Mensch oder Ehemann oder Vater oder ein besserer Bürger geworden, weil er unseren Kurs hier besucht hat, gäbe mir das mehr als eine Meisterschaft oder hohes Ansehen in der Bevölkerung."

Auf Charakter kommt es an

Jüngst hatte ich Gelegenheit, etwas Zeit mit Mark Richt zu verbringen. Ich finde, er hat einen starken Charakter. Er sagt, sein Leben nahm eine Wende, als er sich nicht mehr auf sich selber konzentrierte. Was er auch anfasst, es gelingt langfristig, aber sein eigentliches Argument richtet er darauf, Menschen zu helfen. Er lebt die Entscheidungsformel.

Nur ein Mensch von Charakter kann andere so positiv beeinflussen wie Richt. Und Charakter ist der Schlüssel zu einem integren und vortrefflich ethischen Leben.

- **Charakter ist mehr als reden:** Viele Menschen reden davon, das Richtige zu tun, aber Handeln ist der wahre Maßstab für Charakter. Dennis Kozlowski, CEO von Tyco, pries häufig seine Sparsamkeit an und redete über die spartanisch eingerichteten Büros in seinem Unternehmen. Wer sein Handeln jedoch genauer beobachtete, konnte erkennen, dass Handel und Wandel bei ihm nicht in Einklang standen.

- **Talent ist eine Gabe – Charakter ist eine Entscheidung:** Im Leben eines Menschen gibt es vieles, was er sich nicht aussuchen kann, wie beispielsweise den Geburtsort, die Eltern oder die Körpergröße. Aber über manche wichtigen Dinge entscheidet jeder selbst. Wir suchen uns unseren Glauben, unsere Einstellung und unseren Charakter aus.

- **Charakter bringt anhaltenden Erfolg im Umgang mit Menschen:** Vertrauen ist bei der Arbeit mit Menschen entscheidend. Die Menschen um Mark Richt – andere Trainer, Spieler, Familie und Freunde – wissen, dass sie sich auf ihn verlassen können.

- **Menschen können sich nicht über die Grenzen ihres Charakters hinwegsetzen:** Eigentlich gibt es nur drei Arten von Menschen. Solche, die keinen Erfolg haben, solche, die zeitweise Erfolg haben, und solche, die erfolgreich werden und bleiben. Charakter zu haben ist die einzige Möglichkeit, dauerhaft Erfolg zu haben. Wie begabt, reich oder attraktiv ein Mensch auch sein mag, er kann seinem Charakter nicht entkommen.

Eigentlich gibt es nur drei Arten von Menschen. Solche, die keinen Erfolg haben, solche, die zeitweise Erfolg haben, und solche, die erfolgreich werden und bleiben. Charakter zu haben ist die einzige Möglichkeit, dauerhaft Erfolg zu haben.

Wenn Ihr Leben von Charakter und herausragenden ethischen Maßstäben bestimmt sein soll, befolgen Sie diese Richtlinien. Mit ihrer Hilfe können Sie die Entscheidungsformel in Ihr Leben einflechten:

1. Nehmen Sie die Entscheidungsformel als goldene Regel für Integrität in Ihrem Leben an

Der Schweizer Philosoph Henri-Frédéric Amiel sagte einmal: „Wer mit dem Strom schwimmt, wer sich nicht nach höheren Prinzipien ausrichtet, wer kein Ideal, keine Überzeugungen hat – der ist ein bloßes Möbelstück dieser Welt – ein Ding, das man bewegt, statt eines lebenden, sich selbst bewegenden Wesens – ein Echo, keine Stimme."

Niemand möchte ein Echo sein, nur den Schatten eines Lebens leben. Und doch ist das häufig das Schicksal von Menschen ohne Überzeugungen. Wenn Sie wollen, dass Ihr Leben einen Sinn hat, müssen Sie sich *irgendein* Prinzip suchen, nach dem Sie leben können.

Ich habe mich ja bereits für die Entscheidungsformel ausgesprochen. Wie bereits gesagt, ist die Frage „*Wie möchte ich in dieser Situation behandelt werden*?" eine Richtlinie für Integrität in *jeder* Situation. Sie funktioniert im Besprechungsraum, auf dem Sportplatz, in der Schulklasse und im Wohnzimmer. Sie funktioniert bei Arbeitnehmern, Arbeitgebern, Verwandten und Freunden. Sie funktioniert, ob Sie nun den Verteilweg einer Zeitung oder ein börsennotiertes Unternehmen managen. Wie Henry Ford bemerkte: „Wir fanden immer, wenn unsere Prinzipien richtig waren, spielte der Bereich, auf den wir sie angewendet haben, keine Rolle. Größe ist nur eine Frage des Einmaleins."

Wenn Sie glauben, dass die Entscheidungsformel richtig ist und funktioniert, dann müssen Sie sie als goldene Regel für Integrität in Ihrem Leben annehmen. Jeden Tag, wann immer Sie mit dem Thema ethisches Verhalten konfrontiert werden, stellen Sie sich die

Jeden Tag, wann immer Sie mit dem Thema ethisches Verhalten konfrontiert werden, stellen Sie sich die Frage: „Wie möchte ich in dieser Situation behandelt werden?"

Frage: „Wie möchte ich in dieser Situation behandelt werden?"

Beherzigen Sie den Rat von George Eliot, dem Schriftsteller des neunzehnten Jahrhunderts: „Bleiben Sie sich treu, schämen Sie sich nie, das Richtige zu tun, entscheiden Sie, was Sie für richtig erachten, und halten Sie daran fest."

2. Nehmen Sie als Fundament für Ihre Entscheidungen diese Integritäts-Richtlinie

Die meisten Menschen treffen nur wenige grundlegende Lebensentscheidungen, und diese Entscheidungen setzen sie dann in Alltag um. Haben Sie sich dazu entschlossen, die Entscheidungsformel zur Integritäts-Richtlinie in Ihrem Leben zu machen, müssen Sie vielleicht einige dieser Entscheidungen überdenken. Wie wird diese goldene Regel Ihre Ziele verändern? Werden Sie anders mit Ihrer Familie umgehen? Müssen Sie den Ansatz für Ihr berufliches Fortkommen überdenken? (Manche Menschen sehen sich gezwungen, den Job zu wechseln, weil ihr Arbeitsumfeld der Entscheidungsformel entgegensteht.) Konfuzius meinte: „Das Rechte kennen und nicht tun ist die schlimmste Feigheit."

Je größer die Entscheidung, desto mehr Mut mag vonnöten sein.

Das Richtige zu tun, auch wenn es weh tut, ist keine Kleinigkeit. Horace Mann, früherer Leiter des Antioch College (Ohio), meinte: „Vergebens reden die von Glücklichsein, die niemals einen Impuls unterdrückten aus Gehorsam gegenüber einem Prinzip. Wer niemals ein gegenwärtiges einem zukünftigen Gut opferte, oder ein persönliches einem allgemeinen, kann von Glück nur reden wie ein Blinder von Farben."

Wenn Sie die Entscheidungsformel auf Ihr Leben anwenden

und zu Ihrer goldenen Regel machen, denken Sie an Folgendes:

- **Entscheidungen, nicht Umstände bestimmen Ihre Ethik:** Menschen mit schwachem Charakter neigen dazu, ihre Entscheidungen auf die Umstände zu schieben. Ethische Menschen treffen gute Entscheidungen ungeachtet der Umstände. Treffen sie genug gute Entscheidungen, fangen sie an, bessere Bedingungen für sich selbst zu *schaffen*.
- **Falsche Entscheidungen hinterlassen Narben:** Jedes Mal, wenn Menschen falsche Entscheidungen treffen, hat das Auswirkungen, auch wenn sie es nicht gleich merken. Meine Frau Margaret sagt, ihre Großmutter erzählte ihr gerne eine Geschichte von einem Vater, der versuchte, seinem Sohn die Konsequenzen schlechter Entscheidungen vor Augen zu führen. Immer wenn der Sohn eine schlechte Entscheidung traf, bat ihn sein Vater, einen Nagel in einen Balken zu hämmern. Jedes Mal, wenn er eine gute Wahl traf, durfte er einen Nagel entfernen. Mit der Zeit, nach vielem Hämmern und vielem Nagel-Ziehen, kam der Tag, an dem das Holz frei von Nägeln war. Da entdeckte der Junge, dass der Balken von Löchern übersät war.
- **Je mehr Menschen einbezogen sind, desto stärker ist der Drang nach Konformität:** Ethische Entscheidungen im Privatleben haben ihren eigenen Druck, denn man meint meist, dass eine private Unbesonnenheit niemals publik wird. Öffentliche Entscheidungen, an denen andere Menschen beteiligt sind, unterliegen einem anderen Druck – dem der Konformität. Wie groß der Druck auch sein mag, Sie dürfen nicht zulassen, dass andere Sie zu unethischen Entscheidungen zwingen.
- **Untätigkeit ist auch eine Entscheidung:** Manche Menschen reagieren auf ethische Entscheidungsfindung damit,

dass sie untätig bleiben. Man muss sich allerdings vor Augen halten, dass Untätigkeit auch schon eine Entscheidung ist. Doch auf jeden Paul van Buitenen, der antrat und das Europaparlament über die fragwürdigen Geschäftspraktiken der EU-Kommission unterrichtete[59], kommen Tausende, die Tag für Tag lieber nicht handeln, wenn sie mitbekommen, wie ihre Arbeitgeber pfuschen oder die Moral gefährden – und die letztendlich mit den Folgen leben müssen.

Um ethisch zu leben, müssen Sie an Ihren Prinzipien festhalten, wenn Sie schwierige Entscheidungen zu treffen haben. Edward R. Lyman sagte: „Ein Prinzip – insbesondere ein moralisches Prinzip – kann niemals eine Wetterfahne sein, die sich mit den wechselnden Winden der Zweckdienlichkeit hierhin und dorthin dreht. Ein moralisches Prinzip ist ein Kompass, der für immer fest steht und für immer gilt – und das ist in der Wirtschaft so wichtig wie im Klassenzimmer."

3. Treffen Sie Ihre Entscheidungen aufgrund dieser Integritäts-Richtlinie

Carole Black, Leiterin und CEO des Fernsehsenders Lifetime Television, musste im Frühjahr 2002 eine schwierige Entscheidung treffen. Das Unternehmen hatte einer Kampagne namens „Stop Violence Against Women" („Stoppt Gewalt gegen Frauen") sein Engagement zugesagt. Das ganze Programm sollte sie unterstützen. Black war jedoch davon überzeugt, dass die Einschaltquoten im Februar deswegen einbrechen würden. Sie hatte zu entscheiden, ob das Programm geändert werden sollte oder der Sender bei seiner Zusage bliebe. Sie zauderte nicht.

„Ich diskutierte mit unseren Führungskräften, dass wir unsere Zusage einhalten würden", erinnert sie sich, „und dass die Einschaltquoten womöglich einbrechen könnten." Zu ihrer Überraschung erlebte Lifetime den besten Februar aller Zeiten. „Genau wie es mir meine Großmutter beigebracht hat", sagt Black. „Wenn du das Richtige tust, wirst du belohnt."[60]

Manchmal ist es, ethisch gesehen, einfach, eine große Entscheidung zu treffen. Die meisten Menschen brauchen nicht lange, um sich *dagegen* zu entscheiden, einen Mord zu begehen. Wenige erliegen der Versuchung, ein Auto zu stehlen oder irgendwo einzubrechen. Mit den kleinen Dingen sieht es hingegen schon schwieriger aus. Es gibt ein altes Sprichwort: „Der Teufel steckt im Detail." Das gilt auch für die Ethik.

Als ich gerade erst mit diesem Buch angefangen hatte, sprach ich mit meinem Freund Ken Blanchard. Er schrieb gemeinsam mit Norman Vincent Peale das Buch „*Die Kraft (des) positiven Führens*"[61], in dem sie drei Kernfragen zu ethischen Entscheidungen stellen: Ist es rechtmäßig? Ist es ausgewogen? Fühle ich mich dabei wohl? Ich respektiere Ken sehr. Er erzählte mir eine Geschichte, die veranschaulicht, wie wichtig es ist, mit der Entscheidungsformel zu arbeiten:

Eines Tages sagte einer seiner Angestellten zu Ken: „Ich habe ein Problem mit Ihren Reisekosten."

„Wieso denn?", entgegnete er.

„Sie hatten vorigen Monat einen Termin mit Kunden in Chicago, waren aber wegen eines anderen Termins bereits dort. Als die Kunden den Vertrag unterzeichneten, erklärten sie sich auch bereit, für das Hin- und Rückflugticket zu zahlen. Wie soll ich jetzt abrechnen?"

Was hätten Sie an seiner Stelle getan? Würden Sie den Gesamtpreis abrechnen, weil der Kunde das zugesagt hatte? Oder nur die tatsächlich angefallenen Kosten? Ken beschloss, die Kunden so zu behandeln, wie er selbst gern behandelt würde. Er berechnete jedem Kunden die Hälfte.

Um als vertrauenswürdig eingestuft zu werden, muss jemand kalkulierbar sein. Wenn Sie Ihr Leben und all die kleinen Entscheidungen an einer Formel – einer goldenen Regel – ausrichten, wird Ihr Leben auf ethischer Ebene kalkulierbar. Die Menschen werden Ihnen vertrauen, denn sie wissen, dass Sie beständig das Richtige tun.

Wenn Sie Ihr Leben und all die kleinen Entscheidungen an einer Formel – der goldenen Regel – ausrichten, wird Ihr Leben auf ethischer Ebene kalkulierbar.

4. Bitten Sie andere, Sie für Ihre Taten verantwortlich zu machen

Hat Ihnen jemals jemand beim Arbeiten über die Schulter geschaut? Wenn ja, haben Sie es wahrscheinlich nicht gemocht. Wie die meisten Menschen. Und sie mögen es umso weniger, wenn jemand überprüft, ob sie auch ehrlich und verantwortungsbewusst sind. Doch genau das schlage ich vor, dass Sie nämlich andere dazu ermuntern, wenn Sie nach der Entscheidungsformel leben wollen – denn nichts trägt mehr dazu bei, dass jemand ehrlich ist, wie Kalkulierbarkeit.

Es ist schon komisch: Wir möchten nicht an unsere Unzulänglichkeiten erinnert werden, und wir möchten auch nicht, dass unsere Unzulänglichkeiten anderen vorgeführt werden. Aber wenn wir wachsen wollen, müssen wir den schmerzhaften Prozess aushalten und unser Handeln offen legen. Integrität ist das Fundament für das Leben, und Kalkulierbarkeit ist der Eckstein. So bekommt unsere Zusage, nach ethischen Normen zu leben, Biss.

In der U.S. Navy werden Offiziere von ihren Vorgesetzten

zur Rechenschaft gezogen. Doch der frühere Kapitän Mike Abrashoff, Autor von *It's Your Ship*, sagt, dass er sich an einen Standard hielt, der noch über dem im Dienst verlangten lag. Während seiner Laufbahn machte er immer wieder den *Washington Post-Test*. Er wolle nichts tun, was er nicht auch voller Stolz am nächsten Tag in der Zeitung lesen können würde. Tolle Idee!

Handel(n) nach der Entscheidungsformel

Wenn man Biografien berühmter Persönlichkeiten liest, wird einem klar, wer ein 24-Karat-Gold-Leben führte. Eine meiner Lieblingsgeschichten ist die vom Gründer der Kaufhauskette JC Penney. Er wuchs als Sohn eines Farmers in Missouri auf. Sein Vater begann schon früh, den Charakter von James Cash Penney zu formen, indem er ihm etwas über Unternehmertum, Selbstvertrauen und die Entscheidungsformel beibrachte. Dem Achtjährigen stellte der Vater die Aufgabe, genug Geld zu verdienen, um sich seine Kleidung selbst zu finanzieren.

Um an ein Startkapital zu kommen, jobbte Penney und kratzte 2,50 Dollar für ein Ferkel zusammen. Dann jätete er Unkraut bei den Nachbarn, um Schweinefutter für das Tier beschaffen zu können, und mästete das Ferkel kräftig. Als er es zum Schlachten brachte, erzielte er einen netten Gewinn. Das fand er klasse und kaufte ein Dutzend Ferkel und las das von den Erntemaschinen liegen gelassene Getreide auf, um die Schweine zu versorgen. Die wuchsen prächtig und Penney erwartete für den Herbst einen hübschen Gewinn. Doch dann ließ ihn sein Vater die Tiere verkaufen, weil sich die Nachbarn über den Gestank beschwerten. Penney meinte dazu: „Es war eine schlechte Zeit für Schweinefleisch ..., doch mein Vater beachtete als goldene Regel die Entscheidungsformel gegenüber seinen Nachbarn, und ihm war es wichtig, dass ich das auch tat."[62]

Einige Zeit später wurde Penney sein Verkaufstalent bewusst. Sein Vater ermutigte ihn dabei und stellte sicher, dass er auch gewissenhaft und ehrlich war. Er verhalf seinem Sohn auch zu seiner ersten Stelle in einem Textilwarenladen, wo er sein Handwerk lernte. Mit der Zeit wechselte er zu anderen Läden, wo er hart arbeitete und andere so behandelte, wie er gern behandelt werden wollte. Als er in einem Laden entdeckte, dass die gleichen Socken zu verschiedenen Preisen verkauft und somit die unwissenden Kunden ausgenutzt wurden, kündigte er. Schließlich landete er in einem Geschäft, wo ihm angeboten wurde, als Partner einzusteigen. Er machte seine Sache so gut, dass die Männer ihm die Partnerschaft an Filialen anboten, die sie aufmachen wollten. Und als die ursprünglichen Eigner 1907 aus dem Geschäft aussteigen wollten, kaufte Penney es auf.

Penney hatte die Vision von einer Ladenkette im ganzen Westen der Vereinigten Staaten. Er suchte, wie es seine Gewohnheit war, ehrliche, tüchtige Mitarbeiter und brachte ihnen seine Geschäftsmethode bei. Und wenn sie ihren Laden gut führten und andere wiederum anleiteten, es ebenso zu machen, bot er ihnen die Partnerschaft an einem neuen Laden an, genau wie sie ihm einst angeboten worden war. „Ich glaube, wenn wir uns die richtigen Leute heraussuchen und sie richtig ausbilden, werden sie die Partnerschafts-Idee aufgreifen", sagte er dem ersten Manager, den er Teilhaber an einem Laden werden ließ.[63]

Und wie nannten sich diese Original-Kaufhäuser? Er benannte sie nach seiner Geschäftsphilosophie: Golden-Rule[64]-Stores. „Indem ich also ein Unternehmen gründete", erläutert

Penney, „das dem Namen und dem Sinn nach der goldenen Regel als Entscheidungsformel verpflichtet war, band ich mich in meinen Geschäftsbeziehungen öffentlich an ein Prinzip, das ein echter und wesentlicher Teil meiner Erziehung gewesen war. Für mich war das Schild an dem Kaufhaus viel mehr als ein Handelsname."[65]

Im Zuge der Expansion änderte Penney zwar später den Namen seiner Kaufhäuser, doch er hörte niemals auf, nach der goldenen Regel zu leben – und zu arbeiten – und stellte Partnerschaft über Profit. Seine Philosophie lautet kurz und bündig: „Geld ist eigentlich das Nebenprodukt, das abfällt, wenn man Menschen als Partner aufbaut."[66]

In den folgenden Jahren machte Penney noch viele Menschen zu Firmenpartnern. Schließlich übertrug er das Unternehmen jemandem, den er bereits zum Partner gemacht hatte – einem Mitarbeiter in einem seiner ersten Läden. Penney führte ein 24-Karat-Gold-Leben, behandelte andere mit Respekt, achtete sie im Berufsleben und bot die beste Ware feil, die er beschaffen konnte. Er wurde fünfundneunzig Jahre alt.

Ein altes Sprichwort besagt, wenn man ausgequetscht wird, kommt das heraus, was auch immer in einem stecken mag. Daran glaube ich. Aber ich weiß auch, dass man nicht über Nacht ein 24-Karat-Gold-Leben annehmen kann. Penney hatte Glück. Seine Eltern brachten ihm von klein auf die goldene Regel als Entscheidungsformel bei und er hielt sein Leben lang daran fest. Wenn Sie so aufgewachsen sind, bedanken Sie sich bei Ihren Eltern. Wenn nicht, ist es für Veränderungen noch nicht zu spät. Dazu Thomas Addington und Stephen Graves von der Zeitschrift *Life@Work*: „Charakter können wir nicht in einem Crashkurs am Wochenende entwickeln, wenn wir eines Tages plötzlich feststellen, dass wir welchen brauchen. Das geht nicht. Wir können nicht durch einen kurzen Lehrgang zum Astronauten oder Weltklasseangler oder zum erfah-

renen Maurer werden."[67] Führen Sie heute die Entscheidungs-
formel als goldene Regel für Ihre Integrität ein und stellen Sie
Ihre Entscheidungen darauf ab. Dann werden auch Sie ein 24-
Karat-Gold-Leben führen können.

Fragen zur Diskussion

1. Wie könnte ein schlechter Charakter Hochschul- oder Pro-
fisportler in ihrem Leben oder ihrem Fortkommen ein-
schränken? Wie könnte ein schlechter Charakter sich un-
günstig auf jemanden in Ihrem Arbeitsbereich auswirken?

2. Kennen Sie jemanden, der eine ethische Position vertritt,
aber ganz anders lebt? Wie glaubwürdig ist er oder sie? Wie
wirkt sich das auf sein oder ihr Privat- und Arbeitsleben aus?

3. Was finden Sie schwieriger: Eine ethische Entscheidung allein zu treffen, wenn niemand das herausbekommt, oder
dann, wenn andere Druck auf Sie ausüben, sich einem nie-
drigeren Standard als Ihrem eigenen anzupassen?

4. Was wurde in Ihrem Beruf oder Tätigkeitsbereich an die
Stelle von Verpflichtung zur Rechenschaftsablegung gesetzt? Halten Sie das für effektiv? Erläutern Sie.

5. Haben Sie jemals in Ihrem Leben von jemandem Rechenschaft gefordert? Was für eine Beziehung war das? Würden
Sie sie als erfolgreich bezeichnen? Warum?

6. Wer in Ihrem Leben könnte Sie derzeit zur Rechenschaft
ziehen?

5
Fünf Faktoren, die den Einsatz der Entscheidungsformel bremsen

Im letzten Kapitel habe ich von Mark Richt erzählt, und wie es sich für die Georgia Bulldogs ausgezahlt hat, dass er den Schwerpunkt auf Charakterbildung gelegt hat. Aber manchmal folgt auf eine ethische Entscheidung am Ende kein positives Erfolgserlebnis. Ein Beispiel dafür ist Mike Slaughter, Football-Trainer an der Marquette Catholic High School in Alton, Illinois.

In der Saison 2002 hatte Slaughter ein Team, wie man es nach seinen Worten „nur einmal im Leben" hat. Spiel um Spiel erzielten sie Spitzenergebnisse und waren auf dem besten Weg, zum ersten Mal die Landesmeisterschaft für ihre Schule zu gewinnen. Für Slaughter erfüllte sich der Traum eines jeden Trainers. Aber eines Abends wurden sechzehn seiner jugendlichen Spieler wegen unerlaubten Alkoholkonsums festgenommen. Darunter war auch Slaughters Sohn. Der Trainer hatte den Spielern immer gesagt, sollte einer jemals wegen Alkohol, Tabak oder Drogen Ärger machen, würde er ihn aus dem Team suspendieren. Er hatte also eine Entscheidung zu treffen.

Er suspendierte die Spieler. „Es läuft schließlich auf Verantwortlichkeit hinaus", erläuterte Slaughter. „Sie haben gegen die Regeln verstoßen."

Und zu seinem Sohn, den er von der Wache abholte, sagte er: „Da hast du dich ja ganz schön in was reingeritten, mein

Sohn. Ich werde dich immer lieben, aber daraus musst du jetzt lernen."

Die suspendierten Spieler lernten daraus, und als das große Spiel kam, setzten sie sich auf die Bank und feuerten ihre Teamkameraden an. Und haben die Spieler aus der zweiten und dritten Reihe das große Spiel für ihren ethischen Trainer gewonnen und die Meisterschaft nach Hause geholt? Nein. Sie verloren haushoch. Aber Slaughter bedauert seine Entscheidung nicht. In den Jahren davor hatte er oft genug im direkten Umfeld erlebt, wie Menschen durch Trunkenheit am Steuer tödlich verunglückten. Er weiß, dass seine Entscheidung richtig war, und sagt: „Komisch, dass wir so viel Aufmerksamkeit für etwas bekommen, was wir für das Richtige halten."[68]

Was die Entscheidungsformel untergräbt

Das Richtige zu tun erregt heutzutage viel Aufmerksamkeit. Warum denn? Weil es eine Nachricht wert ist, wenn jemand die Entscheidungsformel befolgt, negative Konsequenzen erleidet und sich freut, weil er das Richtige getan hat.

Mal ehrlich: Es gibt vieles, was Menschen dazu verleitet, eine ethische Grenze zu überschreiten. Da ich schon seit über fünfunddreißig Jahren mit Menschen arbeite und Unternehmen leite, habe ich leider immer wieder mitbekommen, wie Menschen ihre Normen aufs Spiel setzen. Und nachdem ich mit Menschen aus fast jeder sozioökonomischen Gruppe in über einem Dutzend Länder weltweit gearbeitet habe, glaube ich, dass meist fünf Dinge im Spiel sind:

1. Druck

Viele Verstöße gegen die Ethik in westeuropäischen und amerikanischen Unternehmen kommen heute daher, dass leitende Angestellte die Bücher fälschen. Dadurch sollen ihre Firmen erfolgreicher dastehen als sie sind. Das war offenbar bei Enron der Fall. Cynthia Harkness, eine Enron-Anwältin, berichtet, dass Ex-Finanzvorstand Andrew Fastow ihr ein Konzept vorstellte, bei dem künftige Einnahmen buchtechnisch sofort vereinnahmt werden. Harkness fragte nach: „Wenn ich das jetzt richtig verstanden habe, wollen Sie so vorgehen: Man schließt ein Geschäft über einen 10-Jahres-Zeitraum ab, saugt den gesamten Gewinn in einem Jahr aus, und dann muss man in den Jahren 4, 5, 6 usw. bis 10 Gewinn machen, indem man weitere solcher Geschäfte abschließt … Und wenn sich der Markt ändert – was dann? Noch mehr solcher Deals?"

„Ja", habe er geantwortet, „man muss jedes Jahr mehrere dieser Geschäfte machen."[69] Und mit jedem Geschäft würde sich mehr Druck aufbauen, noch mehr abzuschließen. Irgendwann musste das ein Ende haben – und das hatte es: mit der Implosion von Enron.

Ähnliches geschah bei der Medienfirma EM.TV. Die Firma ging als großer Hoffnungsträger im boomenden Neuen Markt an die Börse. Um den steilen Anstieg der Aktien beizubehalten, brauchte man immer neue Sensations- und Erfolgsberichte. Die wurden als börsenrechtliche „Ad-hoc"-Meldungen durch die Presse gejagt. In der Hochphase war EM.TV mehr als 16 Mrd. Euro wert. Die für Euro 0,35 verausgabte Aktie notierte innerhalb weniger Monate auf Euro 120,- pro Stück. Die damaligen Geschäftsführer sind heute rechtskräftig verurteilt, weil sie den Aktienanlegern falsche positive Berichte gegeben haben.[70]

Nach Linda Treviño, Professorin für Organizational Behavior am Penn State's Smeal College of Business Administration sind „ethische Verstöße häufig das Ergebnis der Unternehmenskultur oder eines Drucks aus dem Management; dieser Druck kann entstehen, wenn das Unternehmen Finanzprognosen oder -erwartungen nicht gerecht werden kann und versucht, die Regeln zu brechen, um diese Erwartungen doch noch zu erfüllen."[71]

Ich glaube, in unserer schnelllebigen Zeit steht fast jeder irgendwo unter Druck. Und mit dem Druck kommt die Versuchung, Pfusch zu machen oder die Wahrheit zu verbiegen. Leitende Angestellte sehen sich unter Druck, den Aktienwert zu erhöhen. Der Vertrieb sieht sich unter dem Druck, mehr zu verkaufen. Studenten verspüren den Druck, bessere Noten zu bekommen. Keiner entgeht dem Druck. Daher stellt sich die Frage: Wie gehen Sie damit um?

Angesichts von Druck machen Sie sich bewusst, wie Sie versucht sein könnten, Ihre Werte aufs Spiel zu setzen, und stellen Sie sich ein paar unbequeme Fragen:

- **Treffe ich vorschnelle emotionale Entscheidungen?** Druck erzeugt Spannung, und Spannung kann zu Emotionalität führen. Manche Menschen kommen nicht gut damit zurecht und treffen schlechte Entscheidungen, die sie oder andere berühren. Wie kann ich mich davor schützen?
- **Setze ich die Wahrheit aufs Spiel?** Für manche Menschen ist es fast unmöglich, einen Fehler zuzugeben. Bin ich bereit, an der Wahrheit festzuhalten, selbst wenn sie mir nicht gefällt?
- **Mache ich Pfusch?** In einem alten Sprichwort heißt es, Pfuscher sind Huscher. Unter Druck fühlen wir uns bisweilen versucht, im Gegensatz zu sonst schnell-schnell zu machen. Bin ich bereit, mich für das Richtige einzusetzen?
- **Halte ich meine Verpflichtungen ein?** Molière sagte ein-

mal: „In ihren Versprechungen sind sich alle Menschen gleich. Verschieden sind sie nur in ihren Taten." Halte ich mein Wort und ziehe eine Sache bis zum Ende durch, auch wenn es wehtut?

- **Füge ich mich zu sehr den Meinungen anderer?** Manche Menschen sind besonders empfänglich für die Meinungen anderer. Wie ich in den ersten fünf Jahren meiner Laufbahn. Werde ich das tun, was für mich richtig ist, auch wenn es nicht gut ankommt?

- **Mache ich Versprechungen, die ich nicht halten kann?** Samuel Johnson sagte einmal: „Wir sollten keine Erwartungen wecken, die zu erfüllen nicht in unserer Macht liegt. Es ist angenehmer zuzusehen, wie aus Rauch Flammen aufgehen, als wenn eine Flamme zu Rauch zerfällt." Wie bewahre ich meine Versprechen davor, sich in Rauch aufzulösen?

„In ihren Versprechungen sind sich alle Menschen gleich. Verschieden sind sie nur in ihren Taten."
Molière

Damit ich auch unter Druck gute Entscheidungen treffe, brauche ich zum Beispiel Gedächtnishilfen für das, was auf dem Spiel steht. Zuerst bin ich Gott Rechenschaft schuldig. Dann meiner Familie. Und ich habe immerzu Gedächtnishilfen um mich herum. Im Büro sind überall Bilder von Margaret und meinen Kindern und Enkeln, damit ich nie vergesse, dass Menschen davon abhängen, dass ich das Richtige tue. Eine meiner Definitionen für Erfolg ist, dass diejenigen, die mir am nächsten stehen, mich am meisten lieben und respektieren.

Gedächtnishilfen sind wertvoll, aber sie allein reichen noch nicht. Wenn ich beispielsweise eine Entscheidung unter Druck treffen muss, nehme ich mir die Zeit und bringe Problem und Lösung zu Papier, damit ich nichts überstürzt mache. Ich schreibe Versprechen auf, die ich gegeben habe, damit ich sie nicht so leicht vergesse. Außerdem bitte ich meine Assistentin Linda Eggers, mich mit meinen Entscheidungen und Versprechen auf dem Laufenden zu halten, damit mir nichts durchrutscht. Ich schlage vor, dass Sie ähnlich vorgehen. Tun Sie, was getan werden muss, um Druck auszuhalten.

2. Vergnügen

In *The Road Less Traveled* erzählt der Psychiater M. Scott Peck, wie er mit neun Jahren ein neues Fahrrad geschenkt bekam. Was war das für ein Nervenkitzel, den Hügel hinunter zu rasen. Doch bald schon musste er erfahren, dass unkontrollierte Suche nach Nervenkitzel schmerzhaft enden kann. Einmal, als er bergab raste, meinte er, er könne doch auch ungebremst unten in die Kurve fahren. Er stürzte schwer. „Ich war nicht willens", sagt er, „mein Wahnsinnstempo herabzusetzen, nur um in der Kurve das Gleichgewicht besser halten zu können."[72]

Die Erfahrung, die Peck in seiner Kindheit machen musste, ist kaum etwas anderes als das, was viele Erwachsene ihr Leben lang tun. Wir leben nun mal in einer hedonistischen Gesellschaft. „Erlaubt ist, was gefällt" – so wurden die Amerikaner jahrzehntelang ermuntert. Doch diese Haltung hat uns ein schreckliches Vermächtnis hinterlassen: Schuldenberge und Bankrott, Scheidungen und Drogenmissbrauch. Die Lust auf Vergnügungen kann ein grausamer Lehrmeister sein. Die Vergnügungen, die die meisten von uns suchen, sind denn auch kurzlebig und lassen uns unausgefüllt zurück. Das, was uns versucht, hält selten, was es verspricht.

Johann Wolfgang von Goethe brachte es auf den Nenner: „Vergnügen sucht der Mann sich in Gefahren."

Wenn wir es zulassen, überredet die Lust auf Vergnügen (oder Trost) uns zu Dingen, die wir hinterher bereuen.

Was ist die Antwort auf den Reiz des Vergnügens? In *Dem Äquator nach*[73] bemerkt Mark Twain: „Es gibt viele gute Vorsichtsmaßnahmen gegen Versuchungen, aber die sicherste ist Feigheit."[74]

Wenn Sie wissen, dass Sie für ein bestimmtes Vergnügen empfänglich sind, bei dem Sie versucht wären, eine ethische Grenze zu überschreiten, gehen Sie ihm aus dem Weg. Wenn Sie es kommen sehen, wechseln Sie die Straßenseite. Die beste Art, einer Versuchung zu widerstehen ist, sie zu meiden.

Der zweite Schlüssel ist, sich in Disziplin zu üben. In *Reasons to Be Glad* schreibt Richard Foster:

> Ein disziplinierter Mensch ist der Mensch, der tun kann, was zu tun ist, wenn es getan werden muss. Der disziplinierte Mensch kennt die richtige Zeit und Stunde. Der extreme Asket und der Vielfraß haben ein- und dasselbe Problem: sie können nicht angemessen leben; sie können nicht tun, was zu tun ist, wenn es getan werden muss. Der disziplinierte Mensch ist der freie Mensch.[75]

„Der Asket und der Vielfraß haben ein- und dasselbe Problem: Sie können nicht angemessen leben. Ein disziplinierter Mensch ist der Mensch, der tun kann, was zu tun ist, wenn es getan werden muss."
Richard Foster

Um Freiheit zu erlangen, muss man komischerweise seine Gefühle zügeln und der Disziplin unterwerfen. Dazu gehört Charakter. Eine der besten Arten, Disziplin zu entwickeln ist, die Belohnung hinauszuschieben.

Das liegt unserer Generation nicht. Wir wollen alles, und das sofort. Die Generation meiner Eltern, die die Wirtschaftskrise überstanden und im Zweiten Weltkrieg gekämpft hat, scheint disziplinierter zu sein. David

Callahan untersuchte in Kindred Spirits: Harvard Business School's Extraordinary Class of 1949 einen Nachkriegs-Examensjahrgang, der zu 91 Prozent aus Veteranen bestand. Er verglich diese Akademiker, die später große Unternehmen wie Johnson & Johnson und Capital Cities/ABC leiteten, mit durchschnittlichen Führungskräften von heute. „Es gibt kaum noch Opferbereitschaft", schreibt Callahan, „die Einsicht, eine Gratifikation aufschieben zu müssen. Es geht mehr darum, für sich selbst etwas herauszuschlagen."[76]

Führungskräfte, die ihr Herz an Vergnügen und eigenes Hab und Gut hängen, machen sich für ihre Mitarbeiter bedauerlicherweise nicht vertrauenswürdig. Wer Vergnügen mehr liebt als die Wahrheit, schlittert in etwas hinein – und reißt andere mit sich.

3. Macht

Viele der aktuellen Wirtschaftsskandale in Europa wie in den USA kamen zustande, weil die Führungskräfte die Macht ihrer Position missbrauchten. Sie meinten allmählich, dass sie die Vermögenswerte der von ihnen geleiteten Unternehmen wie ihr persönliches Eigentum behandeln durften. Macht zu haben ist für viele Menschen leider so wie Salzwasser zu trinken. Je mehr man trinkt, desto durstiger wird man. Das hat man ja bereits bei der Formulierung des Grundgesetzes in Deutschland berücksichtigt. Niemand wird Macht verliehen, die nicht von einem zweiten oder dritten Gremium kontrolliert wird. Oder wie bereits US-Präsident John Adams sagte: „Niemand ist klug oder gut genug, dass man ihn mit unbegrenzter Macht betrauen könnte."

Macht zu haben ist so wie Salzwasser zu trinken. Je mehr man trinkt, desto durstiger wird man.

Die Autorin Harriet Rubin[77] bezeichnet selbstsüchtige Chefs, die sich durch Macht bereichern, als „Führungsebenen-Narzisst". Sie beschreibt sie so: „Sie lassen sich voll laufen, und Sie bekommen Kopfweh … Sie bedanken sich nie und sie benutzen Menschen wie Tempo-Taschentücher."[78]

Leadership-Experte und Psychoanalytiker Abraham Zaleznik[79] sagt, dass viele leitende Angestellte ein Anspruchsdenken entwickeln. Sie „glauben mit der Zeit, dass sie und das Unternehmen eins sind. Sie können sich also nehmen, was sie wollen, wann immer sie es wollen."[80]

Bruce Horovitz von *USA Today* wirft einen humorvollen Blick auf dieses Verhaltensmuster. Was in amerikanischen Unternehmen vor sich geht, nennt er das „*Yertle-the-Turtle-*Syndrom".[81]

Yertle – so Titel und Hauptfigur eines Buches von Doktor Seuss – ist der König der Schildkröten und Herr über alles, was sein Auge sieht – und er vergrößert sein Reich, indem er seinen Untertanen befiehlt, sich mit ihm an der Spitze übereinander hoch aufzutürmen. Doch am Schluss kracht das ganze Gebilde ein.

Menschen, die für Fragen der Macht besonders empfänglich sind, durchlaufen in der Regel einen Zyklus nach folgendem Muster:

- **Die Übernahme von Macht:** Macht selbst ist neutral, genau wie Geld. Sie ist ein Werkzeug, das zum Guten oder Bösen eingesetzt werden kann. Doch sie kann gefährlich sein, besonders für Menschen, die schnell und einfach Erfolg erringen und zu Macht kommen, bevor sie dafür bereit sind.
- **Der Missbrauch von Macht:** Eine Gefahr von Macht ist, dass diejenigen, die mit ihr betraut sind, sich ihren Erhalt allmählich zum Hauptanliegen machen. Sie verstehen nicht,

dass die Macht, die ihnen gegeben ist – ob in der Wirtschaft, Regierung, Gemeinde oder Beziehung – ihnen geschenkt wurde zum Zwecke des Dienens. Wer das allzu viel will, um seine Macht um jeden Preis zu behalten, wird am ehesten gegen ethische Verhaltensnormen verstoßen, um sie festzuhalten.

- **Der Verlust von Macht:** Jeder, der Macht missbraucht, wird sie unweigerlich verlieren. Die Tage von Führungskräften, die Macht missbrauchen, sind ebenso gezählt wie die von Diktatoren.

Menschen, die Macht missbrauchen, sehen die Dinge weitestgehend so, wie Robert Greene, Autor von *Power. Die 48 Gesetze der Macht* sie sieht. Er empfiehlt ein Vorgehen, das eine gänzlich andere Richtung einschlägt als die Entscheidungsformel. Er schreibt:

> Verunsichern Sie die Leute und lassen Sie sie im Dunkeln tappen. Enthüllen Sie niemals den Zweck Ihres Handelns. Wenn die anderen keine Ahnung haben, was Sie vorhaben, können sie sich nicht auf die Verteidigung vorbereiten. Bringen Sie sie auf falsche Fährten, vernebeln Sie ihnen den Blick. Wenn die anderen Ihre wahren Absichten erkennen, wird es zu spät sein. ...Tadellose Reputation ist ein Eckpfeiler der Macht. Schon durch Ansehen können Sie einschüchtern und gewinnen. Schwindet es jedoch, sind Sie verwundbar, und Sie werden von allen Seiten angegriffen. Machen Sie Ihren Ruf unanfechtbar.[82]

Das Image eines Menschen, das Greene als „Reputation" bezeichnet, ist wie ein Schatten, doch Charakter ist der eigentliche Kern eines Menschen. Wollen Sie langfristig Erfolg erzielen und ein ethisches Leben führen, kümmern Sie sich nicht um ein gutes Image. Sie machen sich besser daran, Ihren *Charakter* unanfechtbar zu machen.

Macht ist wie ein breiter Strom. Solange er dahinfließt, ist es schön und gut. Tritt er jedoch über die Ufer, bringt er Zerstörung. Wie kann jemand die Macht erhalten, ohne „über die Ufer zu treten"?

Hier der Rat von US-Präsident Harry Truman: „Kann ein Mensch eine Machtstellung als zeitlich begrenzt hinnehmen, ist das gut für ihn. Hält er sich aber für die *Ursache* der Macht, kann das sein Ruin sein."

Jeder, der merkt, dass er zu sehr an seiner Macht klammert, überprüft sich am besten selbst auf Ethik-Verstöße. Macht kann furchtbar verführerisch sein.

> *„Kann ein Mensch eine Machtstellung als zeitlich begrenzt hinnehmen, ist das gut für ihn. Hält er sich aber für die Ursache der Macht, kann das sein Ruin sein."*
> Harry Truman

4. Stolz

Sie denken womöglich nicht automatisch an Stolz als Fallstrick, mit dem man die Ethik untergraben und gegen die Entscheidungsformel verstoßen kann. Werden wir denn schließlich nicht ermahnt, stolz auf unsere Arbeit zu sein? Belohnen wir das Wohlverhalten unserer Kinder nicht damit, dass wir ihnen sagen, wie stolz wir auf sie sind? Werden Schüler nicht ermuntert, stolz auf ihre Schule zu werden?

Ein Selbstwertgefühl zu besitzen ist ja ganz gut. Ebenso Vertrauen in das eigene Können. Ein übertriebenes Gefühl für den Selbst-Wert zu haben kann allerdings höchst destruktiv sein. In weisen Sprüchen finden sich immer wieder Warnungen vor Stolz (auch Hochmut, Übermut oder Hoffart genannt) und seinen negativen Auswirkungen. Betrachten Sie einmal diese Äußerungen über Stolz – alle aus den Sprüchen Salomos:

- Hochmut kommt vor dem Fall.[83]
- Wo Hochmut ist, da ist auch Schande.[84]
- Unter den Übermütigen ist immer Streit.[85]
- Die Hoffart des Menschen wird ihn stürzen.[86]

John Ruskin, Schriftsteller sowie Kunstkritiker des 19. Jahrhunderts, meinte: „Stolz ist der wahre Grund für alle großen Fehler."

„Stolz ist der wahre Grund für alle großen Fehler." John Ruskin

Und in einem alten deutschen Sprichwort heißt es: „Dummheit und Stolz wachsen auf dem gleichen Holz."

Was ist denn das Negative an Stolz? Der Professor, Schriftsteller und christliche Apologet C.S. Lewis hat einen scharfsinnigen Blick auf den Stolz zu bieten. Er glaubt, Stolz führt zu allen anderen Übeln:

Wem dies übertrieben erscheint, der denke noch einmal darüber nach. Ich sagte bereits, je hochmütiger jemand sei, umso mehr werde er den Hochmut bei anderen verdammen. Will man feststellen, wie hochmütig man selbst ist, so muss man sich nur fragen: „Wie sehr kränkt es mich, wenn andere mich abweisen, mich übergehen, sich selber vordrängen, mich von oben herab behandeln oder sich aufspielen?"

Das Problem besteht nämlich darin, dass der Hochmut jedes Einzelnen im Wettstreit liegt mit dem Hochmut aller anderen. Ich wollte bei der Party selbst der Mittelpunkt sein – deshalb ärgert es mich so, wenn ein anderer es ist …

Das müssen wir festhalten. Der Stolz lebt wesensmäßig von der Konkurrenz mit den anderen, während bei den

übrigen Lastern die Menschen gewissermaßen nur zufällig miteinander im Wettstreit liegen. Der Hochmut
freut sich nicht an dem, was er hat, sondern daran, dass
er mehr hat als ein anderer. Wir sagen, die Menschen
seien stolz auf ihren Reichtum, ihre Klugheit oder ihre
Schönheit. Aber das ist nicht richtig. Sie sind stolz, weil
sie reicher oder klüger oder schöner sind als andere.
Wären alle anderen genauso reich, genauso klug oder
genauso schön, dann hätten sie keinen Grund mehr,
stolz zu sein. Hochmut erwächst aus dem Vergleich mit
anderen; er ist das Vergnügen, anderen überlegen zu
sein.[87]

Wie können Menschen andere so behandeln, wie sie gerne behandelt werden möchten, wenn ihre Hauptbeschäftigung darin besteht, sie zu *übertrumpfen*? Das geht nicht. Wenn Sie es
sich nämlich zum Ziel gesetzt haben, reicher, klüger oder
schöner zu sein als alle anderen, richtet sich Ihr Blick einzig
auf sich selbst und Ihre eigenen Interessen.

Vor einigen Jahren hat die Zeitschrift *Time* einen Rückgang
der Ethik in der amerikanischen Wirtschaft, Politik, im
Rechtswesen und in der Medizin ausgemacht und den Verfall
auf Stolz zurückgeführt. In einer „schützenden Verranntheit
in Ego und Image", so ein *Time*-Autor, neigten Angehörige
dieser Berufsgruppen dazu, „Ethik-Beschwerden unter den
Teppich zu kehren".[88]

Stolz lässt sich nicht so leicht besiegen. Benjamin Franklin
bemerkte: „Keine unserer natürlichen Leidenschaften lässt sich
so schwer bezwingen wie der Stolz. Schlag ihn nieder, ersticke
ihn, kasteie ihn, so viel du willst, er lebt doch weiter. Selbst
wenn ich mir vorstellen könnte, ich hätte ihn vollkommen be-
siegt, wäre ich vermutlich stolz auf meine Bescheidenheit."

Und doch *sollten* wir daran arbeiten, den Stolz zu überwinden. In ihm steckt nicht nur das Potenzial, unsere Ethik zu untergraben, er kann auch unsere Leistung beeinträchtigen. Peggy Noonan zitiert einen deutschen Diplomaten aus dem 19. Jahrhundert, der sagte, es könne zwar schwierig sein, einen ehrlichen Menschen zu überlisten, einfach jedoch, jemanden zum Narren zu halten, der sich selbst für klug hält.[89] Stolz kann blind machen – blind für Ihre eigenen Fehler, für die Bedürfnisse anderer und für die ethischen Fallgruben auf Ihrem Wege.

5. Prioritäten

Jim Collins, Autor von *Immer erfolgreich*[90] und *Der Weg zu den Besten*[91], hat sehr umfassend untersucht, was Unternehmen höchst erfolgreich macht. Als er jüngst gefragt wurde, was seine Forschungen über die Bedeutung von Ethik für den Aufbau eines erfolgreichen Unternehmens ergeben hätten, erwiderte er: „Unsere Forschung deutet auf ein wesentliches Element jedes erfolgreichen Unternehmens hin: Die Besten haben einen Wertekatalog aufgestellt und leben danach."[92]

Das trifft auch auf einzelne Menschen zu. Wann immer jemand seine Prioritäten nicht kennt, kann ihm das Probleme bereiten, weil er dafür anfällig wird, schlechte Entscheidungen zu treffen. Johann Wolfgang von Goethe schrieb einmal: „Das Bedeutende will jedermann, nur soll es nicht unbequem sein."

> „Das Bedeutende will jedermann, nur soll es nicht unbequem sein."
> Johann Wolfgang von Goethe

Zugegebenermaßen war ich von solcherlei Schwächen zeitweise auch betroffen. Als ich meine erste Stelle als Pastor antrat, waren meine Prioritäten in einem ungeordneten Zustand. Am meisten wünschte ich mir damals, dass die Menschen mich mochten. Dadurch war ich bisweilen verleitet, schlechte Entscheidungen zu treffen. Als ich es wieder einmal allen recht machen wollte und daraufhin bei einer größeren Verpflichtung versagte, durchlebte ich eine Krise, durch die ich zu Verstand kam und meine Prioritäten neu ordnete. Damals legte ich denn auch fest, dass Gott in meinem Leben an erster Stelle kommen sollte, meine Familie an zweiter, dann lange nichts und dann an dritter Stelle meine Arbeit. Das heißt nicht, dass der Kampf vorüber ist. Jeden Tag muss ich meine Entscheidungen an diesen Prioritäten ausrichten. Es ist eine Sache, seine eigenen Werte zu definieren. Und eine andere, tagtäglich danach zu leben.

Welche Prioritäten haben Sie? Was machen Sie heute, das in fünfzig oder hundert Jahren noch immer von Bedeutung sein wird? Das Haus, in dem Sie leben, das Auto, das Sie fahren, der Urlaub, den Sie hatten, und der Bonus, den Sie bekommen haben, werden dann kaum von Belang sein. Was ist wirklich wichtig? Wenn Sie noch keine Werte für sich definiert haben, kann ich Sie nur ermutigen, das zu tun. Dann strengen Sie sich an zu verhindern, dass das Unwichtige wichtig wird und das Wichtige unwichtig.

Die Entscheidungsformel nicht verwässern

Ihnen ist womöglich aufgefallen, dass in der Liste der Faktoren, die die Anwendung der Entscheidungsformel als goldene Regel behindern können, „Habgier" nicht aufgeführt ist. Das kommt vielleicht überraschend, zumal die Presse in jüngster Zeit dieses Thema im Zusammenhang mit den Firmenskandalen so stark aufgegriffen hat. Ich glaube jedoch, dass es in den meisten Fällen nicht das Geld selbst ist, das die Menschen ethische Grenzen überschreiten lässt. Es ist das, was sie damit bekommen können. Sie wollen die Macht durch das Geld, ob nun über Menschen oder über Verhältnisse. Oder sie wollen Genuss, den man kaufen kann. Oder sie sind stolz auf das Prestige von Besitz. Wenn Sie mit jemandem zu tun haben, der Integrität für Geld aufs Spiel setzt, entdecken Sie vermutlich, dass er von einem der fünf von mir aufgezählten Faktoren geleitet wird.

Jeder ist für irgendeine Versuchung anfällig, die die Werte aufs Spiel setzt. Zufriedener wird man aber, wenn man die Grenze *nicht* überschreitet. Das dauert manchmal, aber man wird es. Irgendwann, vielleicht in zwanzig Jahren, kommt, glaube ich, ein Spieler von Coach Mike Slaughter zu ihm und erzählt ihm, wie der Ausschluss aus dem Football-Team damals zu Studentenzeiten sein Leben verändert und ihn zu einem besseren Menschen gemacht hat. Dann bekommt Slaughter eine viel wertvollere Belohnung als bloß eine Meisterschaft.

Fragen zur Diskussion

1. Welcher der fünf Faktoren stellt für Sie am häufigsten ein Problem dar: Druck, Vergnügen, Macht, Stolz oder Prioritäten? Warum sind Sie in diesem Bereich besonders anfällig?

2. Wie verhalten Sie sich, wenn Sie extrem unter Druck stehen? Ist Ihre natürliche Reaktion, den Druck um jeden Preis zu lindern? Oder versuchen Sie, an der Erfahrung zu wachsen und daraus zu lernen?

3. Disziplin, die man in einem Lebensbereich erworben hat, kann dazu beitragen, in anderen Bereichen charakterstark zu werden. Beschreiben Sie eigene Erfahrungen, durch die Sie gelernt haben, die Belohnung aufzuschieben und Disziplin zu entwickeln. Wie können solche Erfahrungen und das, was Sie daraus gelernt haben, dazu beitragen, dass Sie in einem Bereich diszipliniert werden, in dem Sie derzeit Fortschritte machen müssen? Wie werden Sie „umsteigen"?

4. Starke Führungspersönlichkeiten neigen anscheinend besonders zu Machtmissbrauch. Wie würden Sie sich als Führungspersönlichkeit einstufen (auf einer Skala von 1 bis 10, wobei 10 am stärksten bedeutet)? Beschreiben Sie Probleme, die Sie mit dem Gefühl hatten, berechtigte Ansprüche auf etwas zu haben.

5. Definieren Sie Ihre Prioritäten. (Interessanterweise gab es vor dem 20. Jahrhundert das Wort *Priorität* im Englischen nur in der Einzahl.) Welche drei bis fünf Dinge (oder Menschen) sind Ihnen in Ihrem Leben am wichtigsten? Schreiben Sie sie auf. Denken Sie jetzt über einen möglichen Konflikt nach, der aufgrund dieser Prioritäten auf Sie zukommt. Wie überstehen Sie diesen Konflikt, ohne Ihre Ethik aufs Spiel zu setzen?

6
Ergreifen Sie Ihre goldene Chance

Ich denke, jeder hält Ausschau nach einer goldenen Chance. Unternehmer im Besonderen besitzen ein scharfes Gespür für so etwas. Am 1. November 2004 erzielte die Suchmaschine Google in knapp einer Sekunde rund 69 000 Treffer zum Stichwort „goldene Chance"[93]. Es handelte sich überwiegend um Chancen im Sport, die vertan oder ergriffen wurden, und um den arabischen Gastauftritt auf der Frankfurter Buchmesse 2004, aber auch um die Chancen eines Reifenherstellers in der Formel 1 oder um das Tief der einen Partei als goldene Chance für eine andere.

Man kann aus einer Chance, die von außen kommt, kein Kapital schlagen, solange man innen nicht mit dem Fundament fertig ist.

Wie findet man eine wahrhaft goldene Chance unter all den Angeboten, die in Wirklichkeit aus Blei sind? Schauen Sie sich nicht außen um. Die meisten glauben, ihre größten Chancen kommen von einem Job, einer Investition oder einer Marktnische. Doch eigentlich liegt die größte Chance darin, dass Sie sich selbst ändern. Es ist, als bekäme jemand ein Angebot zur Teilnahme an den Olympischen Spielen, der überhaupt nicht trainiert hat. Die gute Nachricht ist, dass er einen Versuch frei hat. Die schlechte, dass er nicht darauf vorbereitet ist.

Eins führt zum anderen

Ich vermute, das war das Problem einiger CEOs, die in den vergangenen Jahren ihre Karriere zerstörten und ihr Unternehmen in den Ruin trieben. Sie hatten im Innern nicht den ethischen Grundstein gelegt, bevor sie an die Macht kamen. Ihr schwacher Charakter verleitete sie zu schlechten Entscheidungen, und mit jeder Fehlentscheidung gerieten sie tiefer in den Abwärtsstrudel. Charakterschwächen bauen sich im Schneeballsystem auf. C.S. Lewis fand dafür eine Metapher aus dem militärischen Bereich:

> Gut und Böse vermehren sich mit Zinseszinsen. Darum sind unsere kleinen, alltäglichen Entscheidungen so unerhört folgenschwer. Die geringfügigste Tat von heute ist wie die Eroberung eines strategisch wichtigen Stützpunktes, von dem aus wir viele Monate später Siege erringen können, an die wir nie gedacht hätten. Eine scheinbar belanglose Liebesaffäre oder ein heftiger Zornesausbruch kommen dem Verlust einer Hügelstellung, eines Eisenbahnknotenpunktes oder eines Brückenkopfes gleich, von dem aus der Feind unsere Stellungen womöglich im Sturm nehmen kann.[94]

Wenn Sie in der Lage sein wollen, sich nach goldenen Chancen auszustrecken, dann streben Sie zuerst nach einem starken Charakter. Damit stehen Sie an einer guten Position, ethische Herausforderungen anzunehmen und das Beste aus Ihren Chancen zu machen, wenn die Zeit dafür reif ist. Dieses Vorgehen schlage ich Ihnen vor:

1. Übernehmen Sie die Verantwortung für Ihr Handeln

US-Präsident Woodrow Wilson bemerkte einmal: „Verantwortung ist proportional zu Chance." Und warum? Weil ein verantwortungsvoller Mensch sich selbst zutrauen kann, dass er sich für das Richtige statt für das Einfache entscheidet. Er nimmt sich die Worte von E.v. Feuchtersleben zu Herzen: „Ungewiss und vergänglich ist das Glück; gewiss und ewig bleibt die Pflicht."

Ich hörte einmal, wie jemand sagte, Frust ist „wenn kein anderer schuld ist als man selbst". Selten jedoch bekommen Menschen, die solche „Nicht-meine-Schuld-Spielchen" spielen, viele goldene Chancen. Und selbst die wenigen Gelegenheiten, die sie dann bekommen, rinnen ihnen durch die Finger.

Ein verantwortungsvoller Mensch kann sich selbst zutrauen, dass er sich für das Richtige statt für das Einfache entscheidet.

Wenn das passiert, verkünden sie laut, warum das nicht ihre Schuld ist. Ihre Ausreden passen in drei Kategorien:

* Schuld sind die Lebensumstände,
* schuld sind persönliche Probleme und Verletzungen aus der Vergangenheit, und
* schuld sind andere, die einen behindern.

Wenn andere Ihnen vertrauen sollen und Sie viel erreichen wollen, müssen Sie die Verantwortung für Ihr Handeln übernehmen. Winston Churchill hatte Recht, als er Verantwortung als „den Preis von Größe" bezeichnete. Sie ist außerdem das Fundament jeder Chance.

2. Entwickeln Sie persönliche Disziplin

Jüngst las ich in Umfrageergebnissen, dass 82 Prozent der Unternehmensmanager zugeben, beim Golf zu mogeln, und 72 Prozent glauben, Handeln im Beruf und beim Golf entsprechen einander.[95] Warum entscheiden sich dann aber Menschen, die Parallelen zwischen Spiel und Leben sehen, zum Pfusch? Ich glaube, weil es ihnen an Disziplin mangelt. Wer keine persönliche Disziplin entwickeln kann, ist oft versucht zu mogeln, um mithalten zu können. In den Worten von H. Jackson Brown: „Talent ohne Disziplin ist wie eine Krake auf Rollschuhen. Es gibt viel Bewegung, aber man weiß nie, ob es vorwärts, rückwärts oder seitwärts geht."

H.P. Liddon, Geistlicher und Oxford-Professor aus dem 19. Jahrhundert, sagte: „Was wir bei einer großen Gelegenheit tun, hängt vermutlich davon ab, was wir bereits sind; und was wir sind, wird das Ergebnis vergangener Jahre der Selbst-Disziplin sein."

Wer seinen Charakter und seine Erfolgschancen verbessern will, muss Disziplin üben im Hinblick auf …

- **Zeit:** Da Sie nicht festlegen können, wie viel Zeit Sie haben, müssen Sie festlegen, wie Sie Ihre Zeit nutzen.
- **Energie:** Sie sollten immer bestrebt sein, Ihre Kraft auf Ihre Stärken zu verwenden.
- **Ziele:** Sie können nicht alles machen; sie müssen sich also dazu erziehen, das Wichtige zu tun.
- **Launen:** Wenn Sie Ihre Gefühle nicht beherrschen, werden Sie von ihnen beherrscht.

Erfolgreiche Menschen, die gut mit anderen zusammenarbeiten und die gleichermaßen Gefallen finden an Herausforderungen wie an Chancen, sehen Disziplin nicht als negativ oder einschränkend an. Sie heißen sie gut. Vince Lombardi, legendärerer Coach der NFL Green Bay Packers, meinte: „Ich habe nie einen kennen gelernt, der etwas taugte und der auf lange Sicht tief in seinem Innern nicht die Plackerei, die Disziplin gutgeheißen hätte."

3. Erkennen Sie Ihre Schwächen

Eines Abends ging der Naturwissenschaftler William Beebe mit seinem Gastgeber, Präsident Theodore Roosevelt, vor dessen Wohnsitz in Sagamore Hill, New York, spazieren. Roosevelt suchte den sternenklaren Nachthimmel ab, entdeckte ein schwaches Leuchten unter dem Sternbild Pegasus und sagte: „Das ist die Spiralgalaxie Andromeda. Sie ist so groß wie unsere Milchstraße. Sie besteht aus hundert Milliarden Sonnen. Sie ist eine von hundert Milliarden Galaxien." Dann schaute Roosevelt zu Beebe und sagte: „So, jetzt sind wir, glaube ich, klein genug! Gehen wir schlafen."[96]

Theodore Roosevelt hatte die Fähigkeit, die Dinge in der richtigen Perspektive zu sehen. Das kam teilweise daher, dass er sich selbst und seine Schwächen kannte. Wie ich in meinem Buch *Leadership* ausführlicher berichte, war Roosevelt „zunächst einmal sehr dünn und litt an Asthma und Sehschwäche".[97] Diese nicht gerade günstigen Karrierevoraussetzungen waren ihm bewusst. Also unternahm er etwas gegen seine körperlichen Schwächen. Roosevelt arbeitete als Cowboy, ging auf die Jagd, kämpfte als Kavallerieoffizier, und er boxte. Von einem schwächlichen Jungen entwickelte er sich zum bis dato durchtrainiertesten US-Präsidenten.

> *„Was wir bei einer großen Gelegenheit tun, hängt vermutlich davon ab, was wir bereits sind; und was wir sind, wird das Ergebnis vergangener Jahre der Selbst-Disziplin sein."*
> H.P. Liddon

Gefahr erkannt, Gefahr gebannt: Menschen, die ihre Schwächen kennen, werden selten überrascht und lassen auch andere nicht ihre Schwächen ausnutzen. Menschen jedoch, die sich selbst etwas vormachen oder die vorgeben, stark zu sein, wo sie es nicht sind, programmieren ihr eigenes Versagen vor.

4. Bringen Sie Ihre Prioritäten mit Ihren Werten in Einklang

Integrität lässt sich damit beschreiben, dass man seine Ansichten und sein Handeln aufeinander abstimmt. Wenn jemand sagt, er glaubt das eine, aber dann absichtlich dagegen verstößt, mangelt es ihm offensichtlich an Integrität. Aber was ist mit dem, der gar nicht merkt, dass sein Handeln gegen seine Ansichten verstößt? Auch wenn es keine Absicht ist, hat dieser Mensch doch ein Problem mit der Integrität.

Integrität lässt sich damit beschreiben, dass man seine Ansichten und sein Handeln aufeinander abstimmt.

Zur Grunddefinition von Integrität gehört die Vorstellung vom ganzheitlichen Menschen. Wenn man auf der einen Seite etwas vertritt, auf der anderen jedoch etwas anderes tut, ist man gespalten. Und wie schon Präsident Abraham Lincoln sagte: „Ein Haus mit Rissen und Spalten bleibt nicht stehen."

Die Lösung ist einfach, wenn auch nicht notwendigerweise leicht. Legen Sie Ihre Werte fest; dann richten Sie Ihre Prioritäten danach aus.

5. Geben Sie Fehlverhalten rasch zu und entschuldigen Sie sich

Eines war charakteristisch für alle Firmenzusammenbrüche größeren Stils der jüngsten Zeit: irgendeine Form von Vertuschung. Die Manager von Enron, Tyco, EM.TV oder Mobilcom versuchten alle irgendeinen Fehler zu verbergen. Das trifft natürlich nicht nur auf die Wirtschaft zu. Angehörige jeder Berufsgruppe, die einen schwachen Charakter haben, sind schneller im Aufdecken als im Zugeben von Fehlverhalten.

Betrachten wir einmal den Fall des ehemaligen US-Senators von New Jersey, Robert Torricelli. Nachdem er zahlreiche Geschenke und über 53.000 US-Dollar Wahlkampfhilfe erhalten hatte, bestritt Torricelli jeden Fehler – selbst noch, nachdem ihn der Ethikrat des Senats „streng verwarnt" hatte.[98] Und als er später aus dem Rennen um den Sitz im Senat war, war seine Abschiedsrede selbstgerecht. An einer Stelle verteidigte er seinen Werdegang: „Das ist mein Leben ... ich bin stolz auf jeden einzelnen Tag. Und ich würde nicht das Geringste ändern."

Doch später jammerte er: „Seit wann sind wir denn so ein nachtragendes Volk? ... Wann haben wir aufgehört, aneinander zu glauben und einander zu trauen?"[99]

Die Menschen vergeben und vertrauen eher, wenn diejenigen, die Fehler machen, dazu stehen und um Entschuldigung bitten.

So handelte der Herforder Babynahrungshersteller Humana. Im Frühsommer 2003 starben in Israel zwei Babys, die mit der von Humana produzierten, speziell koscheren „Super Soya 1"-Babymilch ernährt wurden. Humana nahm das offiziell freigegebene Produkt kurzfristig vom Markt. Innerhalb weniger Tage lagen die internen Untersuchungsergebnisse vor und wurden öffentlich gemacht: Der Milch war das lebensnotwendige Vitamin B1 nicht zugesetzt worden. Das lag an einer fehlerhaft berechneten Rezeptur, die wohl auch von einem unabhängigen Prüfungslabor nicht beanstandet wurde. Im August 2004 einigten sich die betroffenen Familien und Humana über die Zahlung einer Entschädigung in Höhe von rund 20 Mio. Euro. Und dies alles zu einem Zeitpunkt, zu dem die Staatsanwaltschaft noch wegen fahrlässiger Tötung ermittelt.[100]

Oder vergleichen Sie Torricellis Vorgehensweise mit der von Harry Kraemer, CEO von Baxter International, einem Hersteller von medizinischem Bedarf. Als im Jahre 2001 Dialysepatienten starben, die Filter seines Unternehmens verwendeten, rief er die Produkte vorsorglich zurück, veranlasste eine interne Untersuchung und ließ Experten nach möglichen Mängeln suchen. Und er schickte den Angehörigen der betroffenen Patienten rasch Beileidsbekundungen. Kraemer hätte zwar Schadensbegrenzung betreiben und versuchen können, anderen die Schuld zuzuschieben, doch stattdessen nahm er das Produkt vom Markt und schloss die Abteilung, was Baxter 189 Millionen $ kostete. Und er unterrichtete Konkurrenzfirmen, bei denen ähnliche Schwierigkeiten hätten auftreten können, von dem Problem. Das tat er, weil es das Richtige war. Außerdem empfahl er dem Entschädigungsausschuss des Unternehmens, ihm seine Leistungsprämie für 2001 um mindestens vierzig Prozent zu kürzen.

Kraemer gilt als knallhart authentisch. „Harry lebt so, wie die meisten von uns gerne leben würden", sagt Donald P. Jacobs, emeritierter Dekan der Kellogg School. „Wenn er sagt, dass er an etwas glaubt, kann man darauf setzen. Wie er seine Mitarbeiter behandelt, so möchte er von anderen behandelt werden."[101] Mit Integrität machte er das Beste aus einer furchtbaren Situation, indem er sich nach der Entscheidungsformel richtete. Was kann man mehr verlangen?

6. Geben Sie besonders auf die Finanzen Acht

Wenn Sie etwas über den Charakter eines Menschen erfahren
wollen, achten Sie darauf, wie er mit Geld umgeht. (Autoher-
steller Henry Ford bemerkte einmal: „Geld
verändert Menschen nicht, es demaskiert sie
bloß. Ist jemand von Natur aus selbstsüchtig
oder arrogant oder habgierig, bringt Geld
dies zum Vorschein, das ist alles.") Sind Menschen großzügig mit dem Geld anderer,
jedoch geizig mit ihrem eigenen? Wollen sie
unbedingt, dass jede Transaktion deutlich zu
ihren Gunsten ausfällt? Machen sie Pfusch,
um zu mehr Wohlstand zu kommen?

*„Geld verändert
Menschen nicht, es
demaskiert sie bloß.
Ist jemand von Natur
aus selbstsüchtig
oder arrogant oder
habgierig, bringt
Geld dies zum Vor-
schein, das ist alles."
Henry Ford*

Menschen kommen häufig zu Fall, wenn
sie dem Wohlstand eine höhere Priorität zu-
weisen als ihm zusteht. Das war das Problem
des sagenumwobenen Königs Midas. Er setzte Geld an die
erste Stelle in seinem Leben und verlor beinahe alles. Der sto-
ische Philosoph Zenon von Kition sagte: „Der Geizige ist wie
der blanke Sandboden in der Wüste, der gierig allen Regen
und Tau aufsaugt, aber keine fruchtbaren Kräuter oder Pflan-
zen zum Wohle anderer hervorbringt."

In Kapitel 5 erwähnte ich bereits, dass Geld nichts weiter ist
als ein Werkzeug. Doch es ist ein scharfes Werkzeug, das großen Schaden anrichten kann, wenn man es falsch handhabt.
Deshalb sollten wir auf die Finanzen besonders Acht geben.
Wenn wir Geld gegenüber die richtige Haltung beibehalten
können, dann ist es immer ein positives, hilfreiches Werkzeug,
kein zerstörerisches. Wie P.T. Barnum es betrachtete: „Geld ist
ein schrecklicher Gebieter, aber ein hervorragender Sklave."

Damit Geld nicht zum Gebieter wird, empfehle ich Folgendes:

- **Verdienen Sie Ihr Geld:** Menschen, die verdienen, was sie haben, besitzen größeren Respekt gegenüber dem Eigentum anderer. Und häufig versuchen sie, mehr fürs Geld zu bekommen, wenn sie es selbst verdienen müssen.

- **Seien Sie absolut ehrlich:** Tun Sie alles und noch mehr, um sicher zu sein, dass es um Ihre Finanzen redlich bestellt ist, und zwar nicht nur zum Wohl anderer, sondern auch zu Ihrem eigenen. Dazu B.C. Forbes: „Der ist ein kluger Mensch, der mit allen legitimen Mitteln versucht, so viel Geld zu machen, wie er auf ehrliche Weise kann, denn Geld kann auf dieser Welt so viel Sinnvolles ausrichten, nicht nur für einen selbst, sondern auch für andere. Aber der ist durch und durch ein Narr, der sich auch nur einen Augenblick lang vorstellt, es sei wichtiger, überhaupt Vermögen zu machen, als es auf ehrliche Art und Weise zu machen."

- **Seien Sie großzügig:** Jemand sagte einmal, wir haben unser Auskommen durch unser Einkommen; aber wir leben durch das, was wir geben. Schenken hilft nicht nur anderen und macht uns frei, sondern es rückt Geld eher ins rechte Licht als alles andere.

- **Gehen Sie mit Krediten klug und sparsam um:** König Salomon riet: „Der Reiche herrscht über die Armen; und wer borgt, ist des Gläubigers Knecht."[102] Wenn Sie frei bleiben wollen, machen Sie keine Schulden.

„Keine Würde ist so eindrucksvoll und keine Unabhängigkeit so bedeutend wie ein Leben nach seinen eigenen Verhältnissen."
Calvin Coolidge

US-Präsident Calvin Coolidge sagte: „Keine Würde ist so eindrucksvoll und keine Unabhängigkeit so bedeutend wie ein Leben nach seinen eigenen Verhältnissen."

Die richtige Einstellung zum Geld zu lernen und richtig damit umzugehen (anstatt von ihm beherrscht zu werden) ebnet den

Weg für viele andere Charaktersiege im Leben eines Menschen.

7. Stellen Sie Ihre Familie über Ihre Arbeit

Die Liste seiner Titel und Ämter liest sich beeindruckend: US-Kongressabgeordneter, Botschafter bei den UN, Gesandter in China, Direktor der CIA, Vizepräsident der USA und schließlich Präsident der USA. Aber als sein Staatsdienst endete, sagte George Bush senior, er habe noch immer die drei wichtigsten Ämter inne, die er jemals besaß: Ehemann, Vater und Großvater. Das wirft ein großartiges Licht auf die Familie.

Leider sind anscheinend viele Menschen unseres Kulturkreises bereit, ihre Familie beiseite zu schieben, weil sie das für notwendig erachten, um beruflich weiterzukommen. Die Scheidungsrate belegt das. Ebenso wie die mangelnde Unterhaltsbereitschaft getrennt lebender Elternteile. Jährlich fließen in den USA 20 bis 30 *Milliarden* Dollar an Steuergeldern in den Unterhalt von Kindern, deren Eltern sie finanziell vernachlässigen.[103] In Deutschland ist jeder dritte Sozialhilfeempfänger ein Kind.[104]

Ihrer Familie Priorität einzuräumen behindert Sie allerdings nicht in Ihrem beruflichen Fortkommen – im Gegenteil. Wie Basketball-Trainer Pat Riley es ausdrückt: „Unterhalte langfristig eine Familie und du kannst dir langfristig den Erfolg erhalten. Wichtiges hat Vorrang. Ist dein Leben in Ordnung, kannst du schaffen, was immer du willst." Eine starke, stabile Familie ist ein Sprungbrett für viele weitere Erfolge im Berufsleben und bietet einen zufrieden stellenden Landeplatz an seinem Ende.

8. Bringen Sie Menschen hohe Wertschätzung entgegen

Meistens, wenn Menschen an Charakterbildung denken, konzentrieren sie sich darauf, was sie werden müssen, was gut ist, da es den Hauptanteil des Vorgangs ausmacht. Doch es gehört noch etwas mehr dazu, um für goldene Chancen bereit zu werden. Sie müssen andere hoch genug schätzen, um ihnen einen Teil von sich zu schenken – Ihr Vertrauen. Das ist schließlich die eigentliche Essenz der Entscheidungsformel.

„Wenn Sie Ihren Angestellten misstrauen, haben Sie in 3 Prozent der Fälle Recht. Vertrauen Sie Ihren Leuten, bis sie Ihnen einen Anlass geben, es nicht mehr zu tun, haben Sie zu 97 Prozent Recht."
Wolf J. Rinke

In seinem Buch *Winning Management* schreibt Wolf J. Rinke: „Wenn Sie Ihren Angestellten misstrauen, haben Sie in 3 Prozent der Fälle Recht. Vertrauen Sie Ihren Leuten, bis sie Ihnen einen Anlass geben, es nicht mehr zu tun, haben Sie zu 97 Prozent Recht."[105]

Das sind ganz gute Vorgaben.

Zu Beginn der Arbeiten an diesem Buch sprach ich unter anderem mit Mike Abrashoff. Wir lernten uns auf einer Konferenz meines Unternehmens kennen, auf der er einen Vortrag hielt. Abrashoff ist der Inbegriff eines Menschen, der rechtzeitig bereit war für seine goldene Chance, und der Erfolg erzielte, indem er die Entscheidungsformel beachtete.

Bevor Abrashoff zum ersten Mal das Kommando über ein Schiff übernahm, nämlich über die USS Benfold, hatte er bereits Karriere gemacht. Die U.S. Naval Academy in Annapolis hatte er erfolgreich abgeschlossen, sich als Offizier hervorgetan, nach sechzehn Jahren den Rang eines Kapitäns eingenommen und als Assistent für US-Verteidigungsminister Dr. William J. Perry gearbeitet. Doch als Abrashoff das Kom-

mando über die Benfold übernahm, sah er das als seltene
Chance, etwas anders zu machen: Die Führung nach Maßgabe
der Entscheidungsformel als goldene Regel zu übernehmen.
Abrashoff:

> Die ersten sechzehn Jahre meiner Laufbahn war ich auf
> die goldene Tresse aus. Ich hatte Erfolg, aber der war
> nicht außergewöhnlich. In den letzten beiden Jahren ha-
> be ich mich nach der Entscheidungsformel als goldene
> Regel gerichtet. Ich übernahm das Kommando über das
> Schiff und ich übernahm das Kommando über mein Le-
> ben. Vorher habe ich so gearbeitet, wie ich dachte, dass
> man es von mir erwartet. Aber als ich für Verteidi-
> gungsminister Perry arbeitete, sah ich einen Ausweg aus
> dieser Denkweise. Als ich meinen Vorgänger das Schiff
> verlassen sah, dachte ich darüber nach, wie mein Ab-
> gang wohl sein würde.
> Die Navy ist wie ein Baum voller Affen. Wenn man
> ganz oben im Baum sitzt und hinunterschaut, sieht man
> lauter lächelnde Gesichter zu einem hochblicken. Wenn
> man ganz unten sitzt und hochschaut, ist der Anblick
> völlig anders![106]

Abrashoff nahm sich vor, in die Haut seiner Seeleute zu
schlüpfen. Er befragte jeden Matrosen auf seinem Schiff nach
seinen Werten; dann führte er Änderungen ein, um ihnen
mehr Gewicht zu geben. So schickte er die Schiffsköche auf
Kochlehrgänge und bot Weiterbildungskurse außerhalb des
Schiffs an. Er bat die Offiziere, die Neuankömmlinge so zu
behandeln, wie sie ihre eigenen Kinder behandelt sehen wollten. Und er befugte jedermann – vom Offizier bis zu den
Mannschaften – Entscheidungen zu treffen und daran zu arbeiten, dass ihr Schiff das beste in der ganzen Navy würde; er

vertraute ihnen und ermunterte sie mit den Worten: „Es ist euer Schiff."

„Es geschah viel Gutes, als ich anfing, mich nach der Entscheidungsformel zu richten", sagt Abrashoff. „Ich habe Menschen über den beruflichen Aufstieg an die erste Stelle gesetzt. Das wurde mir tausendfach zurückerstattet."

Das heißt in meinen Augen, das Beste aus einer goldenen Chance zu machen.

Fragen zur Diskussion

1. Welche Chancen malt man sich in der Regel in Ihrem Unternehmens- oder Arbeitsbereich aus? Wie würden Sie „eine goldene Chance" definieren? Welche Charaktereigenschaften nutzen einem, der das Beste aus einer solchen Chance machen möchte?

2. An welchen der acht Wesenszüge, die in diesem Kapitel dargestellt wurden, mussten Sie in Ihrem Leben am härtesten arbeiten?

- Verantwortung für Ihr Handeln zu übernehmen
- Persönliche Disziplin zu entwickeln
- Ihre Schwächen zu erkennen
- Ihre Prioritäten nach Ihren Werten auszurichten
- Fehlverhalten rasch zuzugeben und sich zu entschuldigen
- Besonders auf die Finanzen Acht zu geben
- Ihre Familie über Ihre Arbeit zu stellen
- Anderen Menschen hohe Wertschätzung entgegenzubringen

In welcher Weise hat das Ihr Fortkommen begünstigt? Erläutern Sie.

3. Wo liegen Ihre Schwächen? Wie wird Sie das Wissen um diese Schwächen vor ethischen Fehltritten bewahren? Welche Schwächen sind im Charakter begründet, welche in Begabung oder Erfahrung? Wie können Sie Ihre Kollegen oder Mitarbeiter ermutigen, nach Begabung zu vergüten?

4. Wie transparent sind Sie und wie leicht geben Sie Fehler zu? Wie können Sie das verbessern?

7
Wie man sich ein „goldenes Händchen" zulegt

Als Kind nahmen wir in der Schule die griechische Mythologie durch. Eine der Geschichten, die mich immer packten, war die von König Midas. Er war König von Phrygien. Eines Tages stand er einem alten Freund von Dionysos, dem Gott der Rache, bei und hatte als Belohnung einen Wunsch frei. Er bat Dionysos, alles, was er anrührte, in Gold zu verwandeln. Als der Wunsch erfüllt worden war, berührte er einen Baum – und er wurde zu Gold. Er berührte ein Pferd – und es verwandelte sich in reines Gold. Binnen Minuten wurde er zum reichsten Mann der Welt.

Die Probleme begannen, als er hungrig wurde. Er ließ sich an einem gedeckten Tisch nieder und das Fleisch, nach dem er griff, wurde zu echtem Gold, sobald er es anrührte. Dasselbe geschah mit dem Wein, den er zu trinken versuchte. Aber das Schlimmste passierte, als seine Tochter ihn umarmte. Umgehend wurde sie zur goldenen Statue. Schlussendlich bat Midas Dionysos, ihm seine goldene Macht wieder zu nehmen. Dionysos schickte Midas zur Quelle des Pactolus, wo er baden sollte, um wieder normal zu werden. Er ging hin, nahm seine Tochter mit, und schließlich wurden beide wieder in ihren ursprünglichen Zustand zurückversetzt. Erst nachdem Midas seine goldenen Fähigkeiten verloren hatte, wurde er wieder glücklich.

Echtes Gold

Wenn es heutzutage von jemandem heißt, er habe ein „goldenes Händchen", ist das normalerweise ein Kompliment. Es gilt als Hinweis, dass jemand großes Geschick im Umgang mit Geld hat. Doch eine einseitige Fixierung auf Wohlstand ist heute genauso verheerend wie zu den Zeiten der alten Griechen. Der amerikanische Herausgeber und Unternehmer B.C. Forbes, Gründer des *Forbes* Magazins, kommentierte:

> Sind Ihre Wünsche rein egoistisch? Haben Sie eine Vorliebe für ein großes Haus, tolle Autos, schicke Kleidung, jede Menge Vergnügungen und so weiter? Wenn ja, schauen Sie sich doch einmal die Menschen an, die das alles im Überfluss haben. Meinen Sie, sie sind glücklicher als Sie selbst? Sind sie moralisch besser? Sind sie körperlich stärker? Mögen ihre Freunde sie mehr, als Ihre Freunde Sie mögen? ... Carnegie sagte einmal: „Millionäre lächeln selten." Das stimmt im Wesentlichen.[107]

Wahrer Reichtum liegt nicht im dem, was wir erwerben. Wie schon der Geistliche Henry Ward Beecher, der im neunzehnten Jahrhundert für die Abschaffung der Sklaverei eintrat, bemerkte: „In dieser Welt macht uns nicht das reich, was wir aufheben, sondern das, was wir aufgeben."

„In dieser Welt macht uns nicht das reich, was wir aufheben, sondern das, was wir aufgeben."
Henry Ward Beecher

Kein Goldersatz

Sie können ein „goldenes Händchen" im Umgang mit Menschen bekommen, indem Sie den Mittelpunkt des Interesses von sich und Ihren Gewinnmöglichkeiten weglenken und stattdessen anderen einen höheren Stellenwert beimessen.

Ich glaube, es gibt einen Reichtum, der mehr wert ist als Geld. Und dieser Reichtum kommt daher, wie Sie mit anderen umgehen. Wer die Entscheidungsformel als goldene Regel anwendet, behandelt andere mit Würde und Respekt und kann sich freuen zu wissen, dass er ethisch lebt. Man kann die Entscheidungsformel allerdings auch noch auf eine andere Ebene heben. Sie können ein „goldenes Händchen" *im Umgang mit Menschen* bekommen, indem Sie den Mittelpunkt des Interesses von sich und Ihren Gewinnmöglichkeiten weglenken und stattdessen anderen einen höheren Stellenwert beimessen.

Aufrichtig zu geben ist die höchste Ebene zu leben. Die Welt wird dadurch besser. Ebenso das Wirtschaftsleben. H.E. Steiner analysierte: „Unserer Wirtschaft geht es besser, wenn alle merken, dass es sich zwar auszahlt, Geld in die Industrie zu investieren und aus Naturreichtümern etwas zu machen, aber noch mehr Dividende erzielt man, wenn man die Menschen verbessert und aus dem menschlichen Kapital etwas macht." Wenn Sie sich mehr wünschen als ein gefülltes Bankkonto und wahren Reichtum erlangen wollen – indem Sie in Menschen investieren – sollten Sie Folgendes praktizieren:

1. Behandeln Sie andere besser, als Sie behandelt werden

Es fällt leicht, Menschen zu mögen, die Sie mögen. Und freundlich zu denen zu sein, die Sie gut behandeln, ist kaum mehr als ein höflicher Akt. Aber wie reagieren Sie, wenn andere Sie schlecht behandeln? Erwidern Sie Respektlosigkeit mit Respektlosigkeit? Oder Aggression mit Aggression? Wie leicht kann Unfreundlichkeit zu einem größeren Konflikt eskalieren. Schauen Sie nur, wie aus so scheinbar unbedeutenden Unstimmigkeiten handfeste Kriege entstanden:

- Ein Streit zwischen den Städten Modena und Bologna über einen Brunneneimer löste vor etwa neunhundert Jahren einen Krieg aus, der Europa verwüstete.
- Ein chinesischer Kaiser zog einmal wegen einer zerbrochenen Teekanne in den Krieg.
- 1654 gingen Schweden und Polen einander an die Gurgel, da der schwedische König bemerkt hatte, dass in einer offiziellen Depesche seinem Namen nur zwei *et ceteras* folgten, dem des Königs von Polen dagegen drei.
- Ein verschüttetes Glas Wasser, das auf dem Marquis von Torcy landete, führte zum Krieg zwischen Frankreich und England.
- Dadurch, dass ein kleiner Junge den Duc de Guise mit einem Stein beworfen hatte, verursachte er das Massaker von Vassy und den Dreißigjährigen Krieg.

Man braucht schon einen starken Charakter, um andere besser zu behandeln, als man selber behandelt wird! Wie der Bürgerrechtler Martin Luther King Jr. bereits sagte: „Vergebung ist kein gelegentlicher Akt; sie ist eine permanente Einstellung."
Würden alle die Entscheidungsformel als goldene Regel an-

„Vergebung ist kein gelegentlicher Akt; sie ist eine permanente Einstellung."
Martin Luther King Jr.

wenden, sähe es auf der Welt besser aus. Aber denken Sie einmal darüber nach, wie die Welt aussähe, wenn alle danach strebten, andere *besser* zu behandeln, als sie selbst behandelt werden. Das nenne ich die Platin-Regel.

Mein Vater brachte mir bei, im Umgang mit anderen auf dem „Höhenweg" zu bleiben, selbst wenn die anderen im Umgang mit mir die „Talstrecke" befahren. Mein Vater war Direktor an einem College, und ich erinnere mich, wie ihn einmal eine Lehrkraft fragte, was er von einem bestimmten Mann aus unserem Ort hielte. Mein Vater sagte: „Ich finde ihn nett."

„Na, dann sollten Sie aber mal hören, was er über Sie erzählt", sagte der Lehrer und berichtete weiter, was dieser Mann über meinen Vater erzählt hatte. „Und, was sagen Sie dazu?", drängte er nun meinen Vater.

„Das habe ich Ihnen doch bereits gesagt", antwortete mein Vater. „Ich finde ihn nett."

„Nach allem, was er über Sie erzählt hat?"

„Sie haben mich gefragt, was ich von ihm halte", erwiderte mein Vater, „nicht, was er von mir hält."

Ich arbeite schon mein ganzes Leben daran, in die Fußstapfen meines Vaters zu treten, aber im Befolgen der Platin-Regel bin ich noch nicht so weit wie er. Ich versuche, allen mit Respekt zu begegnen. Ich wünsche mir, in jeder Beziehung ein Gebender zu sein. Ich kann aufrichtig behaupten, keine Feinde zu haben. Wenn ich mit jemandem etwas zu klären habe, spreche ich es so schnell wie möglich an; dann ziehe ich weiter. Und ich bin nicht nachtragend. Sonst würde die Last immer schwerer, je weiter man sie mit sich herumschleppt.

Versuchen Sie, auf dem besten Weg mit Menschen zurechtzukommen, selbst wenn sie Sie nicht mit dem Respekt behandeln, den Sie meinen verdient zu haben. Versuchen Sie, nett zu sein, anstatt anderen etwas heimzuzahlen. Das werden Sie als sehr befreiend empfinden.

2. Gehen Sie auch die zweite Meile mit

Auf Konferenzen zum Thema Leadership habe ich immer gerne diesen Witz erzählt:

Es gibt absolut schlüssige Statistiken, die genau belegen, warum Sie müde sind. Es arbeiten nicht annähernd so viele Menschen, wie Sie gedacht haben mögen, zumindest nicht nach dieser Erhebung.

- Die Bevölkerungszahl der USA liegt bei etwas über 250 Millionen.
- 84 Millionen sind über 64 und in Rente. Somit müssen wir restlichen 166 Millionen die ganze Arbeit tun.
- 95 Millionen sind unter 20 – also bleiben 71 Millionen für die Arbeit.
- Die Regierung beschäftigt 27 Millionen – also noch 44 Millionen für die Arbeit.
- Beim Militär sind 14 Millionen, sodass die ganze andere Arbeit an 30 Millionen hängen bleibt.
- Ziehen Sie 20 Millionen ab – das sind die auf den Behörden der Bundesstaaten und Städte.
- 6 Millionen sind in Krankenhäusern, psychiatrischen Anstalten und verschiedenen Heimen untergebracht, sodass für die Arbeit noch 4 Millionen bleiben.
- Nun mag es Sie vermutlich interessieren, dass 3.999.998 Personen in Haftanstalten sitzen – also ruht die ganze Last auf den Schultern von zwei Menschen.

Das sind Sie und ich – und eigentlich bin ich schon urlaubs-reif!

Der Witz ist vielleicht abgedroschen, aber er enthält ein Fünk-chen Wahrheit. Es gibt scheinbar eine Menge Leute auf dieser Welt, die ihren Anteil an der Arbeit nicht leisten. Wer gerade mal bloß ein Minimum schafft, wird im Leben nicht viel errei-chen – für sich und für andere. TV-Moderatorin Oprah Win-frey sagt: „Wenn ich in *diesem* Augenblick mein Bestes gebe, habe ich eine gute Ausgangsposition für den *nächsten*."

Ich stimme ihr von ganzem Herzen zu. Das trifft nicht nur auf Ihre Arbeit zu, sondern auch auf persönliche Beziehun-gen. Darum schlage ich auch vor, auch noch die zweite Meile mitzugehen. Um zu erklären, was ich damit meine, will ich er-läutern, woher dieser Ausdruck kommt.

„Wenn ich in diesem Augenblick mein Bestes gebe, habe ich eine gute Ausgangsposition für den nächsten."
Oprah Winfrey

Vor zwei Jahrtausenden konnte ein römi-scher Offizier im Römischen Reich jeden x-Beliebigen dazu zwingen, eine Last eine Meile weit zu tragen. Es war das Recht des Offiziers, und wem sein Leben lieb war, der weigerte sich nicht. Die erste Meile mitzu-gehen hieß also, seine Pflicht zu tun. Ich empfehle Ihnen, danach zu streben, darüber hinauszugehen. Betrachten Sie die Extra-Meile als Gelegenheit, positiv auf das Leben anderer zu wirken und Menschen mehr Wert beizumessen. Jemand mit der Haltung, eine weitere Meile mitzugehen,

- kümmert sich mehr, als andere für klug erachten,
- riskiert mehr, als andere für sicher halten,
- träumt mehr, als andere für praktisch halten,
- erwartet mehr, als andere für machbar halten,
- arbeitet mehr, als andere für notwendig halten.

Wie mein Freund Zig Ziglar schreibt: „Auf der Extra-Meile gibt es keinen Verkehrsstau." Wenn Sie immer mehr tun als erwartet, werden Sie sich nicht nur von der Masse abheben, sondern Sie werden anderen dabei helfen, mit Ihnen aufzusteigen.

„Auf der Extra-Meile gibt es keinen Verkehrsstau."
Zig Ziglar

3. Helfen Sie Menschen, die Ihnen nicht helfen können

Unsere Kultur ist geprägt von Konkurrenzdenken. Unternehmen sind darauf aus, ihre Konkurrenten zu zerschmettern. Sportmannschaften suchen den Gegner nach Schwächen ab, um sie zu nutzen und zu gewinnen. Selbst Reality-Shows stacheln die Kandidaten gegeneinander auf, um zu sehen, wer am Ende überlebt. Häufig definieren wir unseren Erfolg danach, um wie viel besser wir sind als unser Nebenmann. Und wenn wir anderen dann doch helfen, muss für uns auch ein Gewinn herausspringen. Mal ehrlich: Wir denken nicht oft so wie der Schriftsteller John Bunyan, der gesagt hat: „Der Tag war für dich nicht erfolgreich, solange du nicht etwas für jemanden getan hast, der dir das nicht vergelten kann."

Wenn wir jedoch auf höchstem Niveau leben wollen, müssen wir genau das tun. Eines meiner Lieblingsbeispiele für solcherlei Hilfe ereignete sich bei den Olympischen Winterspielen 1964. Damals nahm der größte Rodler aller Zeiten – der Italiener Eugenio Monti – am Zweierbobrennen teil. Im ersten Durchlauf fuhren die Italiener eine gute Zeit. Ebenso das britische Team mit Bob-Pilot Tony Nash. Nach Montis zweitem Durchgang lag er auf Platz Eins. Und es sah danach aus, dass er und sein Teamkollege die Goldmedaille holen würden, sofern die Briten sie nicht noch überrundeten.

Als sich das britische Team auf seinen zweiten und letzten Lauf vorbereitete, machte es eine entmutigende Entdeckung: Beim ersten Lauf war an der Hinterachse eine Schraube gebrochen und sie hatten keinen Ersatz dabei. Ihnen blieb nichts anderes übrig als auszusteigen. Doch Eugenio Monti, der unten wartete, ob seine Zeit standhalten würde, hörte, was mit dem britischen Team los war. Er entfernte eine Schraube von der Hinterachse seines eigenen Bobs und schickte sie seinen Konkurrenten hoch. Nashs Team baute die Schraube ein, machte das Rennen und gewann die Goldmedaille. Monti und sein Teamkollege landeten schließlich auf Platz 3.

„Der Tag war für dich nicht erfolgreich, solange du nicht etwas für jemanden getan hast, der dir das nicht vergelten kann."

John Bunyan

Nash konnte sich auf keinerlei Weise bei Monti revanchieren. Und Monti hatte keinerlei Nutzen davon, dass er Nash die Schraube gegeben hatte. Und doch hat er es getan. Dafür erntete er in der italienischen Presse beißende Kritik. Aber er ließ jedermann wissen, dass er nur dann gewinnen wollte, wenn er wirklich der Beste war. „Tony Nash hat nicht deshalb gewonnen, weil ich ihm eine Schraube gegeben habe", erläuterte Monti. „Tony Nash hat gewonnen, weil er der beste Fahrer war."[108]

Wenn Sie anderen helfen wollen, empfehle ich Ihnen das Motto von D.L. Moody, einem bekannten Pastor aus dem 19. Jahrhundert:

Tu so viel Gutes, wie du kannst
An so vielen Menschen, wie du kannst,
Auf so viele Arten, wie du kannst
Solange du kannst.

Und wenn Sie das für Menschen machen, die Ihnen das nicht vergelten können, dann bekommen Sie wirklich ein goldenes Händchen, denn Sie machen das Leben anderer noch wertvoller.

4. Tun Sie das Richtige, wenn das Falsche nur allzu natürlich wäre

Wenn Sie über 30 sind, erinnern Sie sich gewiss an den Kalten Krieg zwischen den USA und der Sowjetunion. Über drei Jahrzehnte lang zeichnete sich das Verhältnis zwischen den beiden Regierungen durch Misstrauen und Feindseligkeit aus. Als Ronald Reagan Präsident der Vereinigten Staaten wurde, beschloss er, dass er die Beziehung dieser beiden Supermächte zueinander ändern wolle. Sein erster Schritt war ein persönlicher Brief an Leonid Breschnew, den sowjetischen Premierminister, mit der Bitte um den Versuch, „dauerhaften Frieden zu finden". Dass Reagans Angebot kühl aufgenommen worden wäre, ist noch milde ausgedrückt.

Es gibt nicht immer eine Belohnung. Aber wenn Sie falsch handeln anstatt richtig, kann es keine gute Belohnung geben.

Es wäre für Reagan nur allzu natürlich gewesen, den Versuch aufzugeben, die amerikanisch-sowjetischen Beziehungen zu verbessern. Er wäre damit nicht der erste Präsident gewesen. Aber er blieb beharrlich. Und schließlich schmolz das Eis und der Eiserne Vorhang fiel. Reagans Redenschreiberin Peggy Noonan fasste es so zusammen: „Wenn man stark ist, darf man auch ‚schwach' sein. Weiß man, dass man stark ist, kann man sich selbst zutrauen, den ersten Schritt zu machen, den ersten Appell, eine Anfrage oder Bitte … Aber wenn man fürchtet, schwach zu sein, oder dass die Welt einen für schwach hält, wird man schon eher ein großes Tamtam daraus machen, wie ‚stark' man doch ist, und niemals in einem persönlichen Brief um Frieden bitten."[109]

Es ist nicht einfach, das Richtige zu tun, wenn falsch zu handeln einfacher ist. Dazu gehört ein starker Charakter. Aber die Belohnungen können beachtlich sein, wie in Reagans Fall. Das bedeutet jedoch nicht, dass es immer eine Belohnung gibt, denn dem ist nicht so. Aber wenn Sie falsch handeln anstatt richtig, *kann* es gar keine gute Belohnung geben.

5. Halten Sie Ihre Versprechen, selbst wenn es wehtut

Charles Brewer, Gründer von MindSpring Enterprises, hat das Einhalten von Versprechen zum Grundsatz seines Unternehmens gemacht. Als MindSpring 1993 gegründet wurde, nahm er folgende Aussage in die Grundwerte des Unternehmens auf: „Wir gehen Verpflichtungen sehr sorgfältig ein und halten uns dann daran. In allen Dingen tun wir, was wir zusagen." Er glaubte, wenn er eine Umgebung schaffen könnte, in der das Halten von Versprechen die Regel und nicht die Ausnahme ist, wäre er der Konkurrenz ein bedeutendes Stück voraus.[110]

„Wir gehen Verpflichtungen sehr sorgfältig ein und halten uns dann daran. In allen Dingen tun wir, was wir zusagen." Charles Brewer

Brewer ist auf jeden Fall anders als die Konkurrenz. Jüngst wurde eine Studie von Dr. Pat Lynch im Journal of Business Ethics veröffentlicht. Lynch bat über siebenhundert Unternehmer und Hochschulabsolventen der Fachrichtung Wirtschaft, eine Rangliste für die Werte am Arbeitsplatz aufzustellen. Außer Versprechen halten gab es Punkte wie Kompetenz, Arbeitsethik, Betriebszugehörigkeit und das Überwinden von Animositäten. Lynch fand heraus, dass das Halten von

Versprechen ganz oben auf der Liste stand. Das ging quer durch alle Befragten unabhängig von Geschlecht, Erfahrung als Vorgesetzter oder religiösem Hintergrund.[111]

Versprechen zu halten ist der Eckstein jeglicher Beziehungen und für Erfolg im Unternehmen absolut unerlässlich. Joseph Abruzzese, Chef der Werbeabteilung bei CBS Television, bemerkt: „Beim Verkauf von Werbezeit bedeutet Integrität alles. Sie machen jedes Jahr zu achtzig Prozent Geschäfte mit denselben Leuten – Verkaufen ist also das Rückgrat der Beziehung. Am Ende gewinnt ja doch der ehrliche Makler."[112]

Wie weit gehen Sie, wenn Versprechen einzulösen sind? Vermutlich haben Sie kein Problem damit, wenn es bequem ist. Aber wenn nicht? Wenn es denn richtig wehtut, es einzulösen? So war es bei Sir Walter Scott. Vielleicht ist er Ihnen ein Begriff. Scott war Biograf, Kritiker, Historiker und Poet, gilt als Wegbereiter des historischen Romans, und ihm wird zugeschrieben, Leo Tolstoi, Alexandre Dumas, Victor Hugo, Honoré de Balzac und andere beeinflusst zu haben.

Scott wurde 1771 im schottischen Edinburgh geboren. Er begann sein Berufsleben als Anwalt nach einer Lehre bei seinem Vater, aber bald schon wandte er sich der Schriftstellerei zu und wurde rasch zu einem der beliebtesten Romanciers seiner Zeit. 1808 wurde er Teilhaber in einem Verlagshaus, wodurch er höhere Gewinne erzielte, als wenn er seine Werke bei einem anderen Verleger veröffentlicht hätte. 1826 steckte sein Verlagshaus in finanziellen Schwierigkeiten, als es in den Konkurs eines anderen Unternehmens verwickelt wurde. Die Schulden waren enorm hoch: 114.000 Pfund. Scott hätte sich womöglich der Verantwortung für die Begleichung der Schulden entziehen und Konkurs anmelden können. Doch das tat er nicht, sondern er verpflichtete sich vielmehr, alles zu begleichen.

Die nächsten sechs Jahre beschrieb Scott, der bereits als profilierter Autor galt, stapelweise Papier, um Geld zu verdienen. Er verkaufte Vervielfältigungsrechte. Er tat, was er konnte. Zuletzt hatte er 70.000 Pfund zusammen – bevor er starb. Doch in seinem Testament hatte er verfügt, wie sich weitere Werke verkaufen ließen, und so wurden die gesamten Schulden beglichen. Er ließ nicht nur nicht zu, dass Schmerzen ihn daran hinderten, ein Versprechen einzulösen – selbst dem Tod gestattete er es nicht.

Heute trifft man nur noch selten auf Menschen wie Scott. Die meisten von uns tun lieber das Einfache statt das Richtige. Doch wenn wir wirklich ein goldenes Leben nach der Entscheidungsformel führen wollen, tun wir gut daran, seinem Beispiel zu folgen.

Der Gold-Standard

Worauf richtet sich derzeit Ihre Aufmerksamkeit? Versuchen Sie, ein Leben nach der Entscheidungsformel aufzubauen? Welche Chancen verfolgen Sie derzeit? Wenn Sie sie erreichen würden, wie würden Sie belohnt? Mit Wohlstand? Beförderung? Anerkennung? Preisen? Lassen Sie uns das ins rechte Licht rücken. Dazu ein Quiz:

1. Nennen Sie die fünf reichsten Menschen der Welt.
2. Nennen Sie die letzten fünf Meister in der Fußball-Bundesliga.
3. Nennen Sie die letzten fünf Gewinnerinnen der Miss World-Wahl.
4. Nennen Sie zehn Nobelpreis-Gewinner.
5. Nennen Sie mindestens ein halbes Dutzend Schauspieler/innen, die den „Oscar", den Academy Award gewonnen haben.

6. Nennen Sie fünf Goldmedaillengewinner der letzten Olym-
piade.

Und? Wie viele Namen wussten Sie? Die Hälfte? Fünfund-
siebzig Prozent? Diese Personen und Teams – die weltbesten
in ihrem Tätigkeitsfeld – haben viel erreicht. Sie haben bewie-
sen, dass sie in ihrem Bereich begnadet sind, und sie genießen
große Anerkennung. Aber welchen Einfluss haben sie? Genauer noch: Welchen Einfluss haben sie auf Sie? (Offenbar
nicht sehr viel, wenn Sie sich an die meisten Namen nicht erinnern können.)
Jetzt habe ich noch ein Quiz für Sie:

1. Nennen Sie drei Lehrer, die Sie in der Schule zu Leistung
angespornt haben.
2. Nennen Sie drei Freunde, die Ihnen in einer schwierigen
Zeit beistanden.
3. Nennen Sie fünf Personen, die Ihnen etwas Bedeutendes
beigebracht haben.
4. Nennen Sie drei Menschen, die Ihnen das Gefühl gaben,
wertvoll und etwas Besonderes zu sein.
5. Nennen Sie fünf Menschen, mit denen Sie gerne Ihre Zeit
verbringen.
6. Nennen Sie ein halbes Dutzend Helden, deren Geschichte
Sie inspiriert hat.

Vielleicht haben Sie auch im zweiten Quiz keine 100 Prozent
erreicht, aber ich bin sicher, Sie haben besser abgeschnitten als
beim ersten. Und warum? Weil das die Menschen waren, die
Sie mit ihrem goldenen Händchen berührt haben! Es war ihnen wichtig, Sie aufzuwerten. Sie haben sich auf andere konzentriert – und nicht nur darauf, finanziell weiterzukommen.
Wenn Sie etwas tun wollen, was sich über Ihr eigenes Leben

hinaus auf andere auswirkt, dann behandeln Sie sie besser, als Sie selbst behandelt werden, gehen Sie eine zweite Meile mit, helfen Sie Menschen, die Ihnen nicht helfen können, tun Sie das Richtige, wenn das Falsche nur allzu natürlich wäre, und halten Sie Ihre Versprechen, selbst wenn es wehtut.

Man erkennt schon Menschen mit einem goldenen Händchen, denn sie hinterlassen ein Vermächtnis, das sie überdauert. Jüngst verstarb mein Schwiegervater Clayton Porter. Auf der Beerdigung hielt Margaret, sein ältestes Kind, eine Ansprache über sein Leben. Clayton hatte als Lehrer im Laufe der Jahre Tausende Kinder unterrichtet. Aber Margaret sagte, seine bedeutendsten Schüler waren sie und ihre Schwestern. Clayton hatte ihnen nicht nur Ethik und Moral eingeimpft, sondern auch Liebe und Respekt gegenüber anderen Menschen. Und das hatte er nicht nur gelehrt, sondern auch vorgelebt.

Als Margaret aufhörte zu reden, war kein Auge trocken geblieben – denn in dem Raum saßen Hunderte Menschen, die er unterrichtet, deren Leben er zum Besseren verändert hatte. Auf dieses Vermächtnis wäre er stolz gewesen. Auf ein solches Vermächtnis könnten auch Sie stolz sein.

Fragen zur Diskussion

1. Warum, denken Sie, fällt es Menschen schwer, anderen zu helfen, die ihnen nicht helfen können, mehr zu tun, als man von ihnen erwartet, oder schwierige Versprechen zu halten?

2. Was halten Sie davon, andere besser zu behandeln, als Sie behandelt werden? Wann ist es gerechtfertigt, die anderen genauso zu behandeln, wie sie Sie behandeln?

3. Wie könnte ein Aufwerten anderer in Ihrem Unternehmen oder Arbeitsumfeld nicht nur für Sie, sondern auch für andere vorteilhaft sein?

4. Wie gehen Sie normalerweise mit anderen Menschen um? Stufen Sie sich auf einer Skala von 1 bis 10 ein: 10 bedeutet, dass Sie andere immer besser behandeln, als Sie selbst behandelt werden, und 1, dass Sie sich häufig in engstirnige Konflikte verwickeln. (Prüfen Sie, ob Sie sich richtig eingestuft haben, indem Sie eine Kollegin oder Ihren Ehepartner bitten, Sie ebenfalls einzustufen).

Wenn Ihre Punktwertung sehr niedrig ausfällt, beachten Sie bitte die folgenden Anmerkungen:

- Engstirnige Menschen haben keine *Perspektive* in ihrem Leben.
- Engstirnige Menschen haben keine *Prioritäten* in ihrem Leben.
- Engstirnige Menschen haben keine *Leidenschaft* in ihrem Leben.
- Engstirnige Menschen machen keine *Fortschritte* in ihrem Leben.

Welcher Bereich hindert Sie womöglich daran, andere besser zu behandeln? Wie könnten Sie in diesem Bereich wachsen?

Schlussbetrachtung

Kämpfen Sie um die Entscheidungsformel

Ich möchte Ihnen abschließend zwei Fragen stellen. Erstens: Was möchten Sie erreichen? Mit anderen Worten: Welche Ziele haben Sie sich selbst gesetzt? Wohin soll Ihre Laufbahn führen? Welchen Einfluss wünschen Sie sich? Es ist gut, über so etwas nachzudenken, denn so können Sie besser die *Richtung* für Ihr Leben bestimmen. Die zweite Frage lautet: Wie gedenken Sie das umzusetzen? Das ist wichtig, denn damit wird der *Geist*, der *Ton* Ihrer Lebensweise bestimmt. Und es nimmt auch Einfluss darauf, wie Sie einmal enden werden.

Ich glaube, man kann grundsätzlich zwischen zwei Wegen zum Erfolg wählen. Man kann um Gold kämpfen, oder man kann sich nach der Entscheidungsformel als goldene Regel richten.

Ich glaube, man kann grundsätzlich zwischen zwei Wegen zum Erfolg wählen. Man kann um Gold kämpfen, oder man kann sich nach der Entscheidungsformel als goldene Regel richten. Viele haben sich schon nach Gold ausgestreckt und anscheinend alles erreicht, was das Leben zu bieten hat. Aber der Schein trügt manchmal.

1923 fand im Edgewater Beach Hotel in Chicago ein Treffen der damals reichsten und mächtigsten Männer der Welt statt. Wie reich? Gemeinsam verfügten sie über mehr Geld als die US-Staatskasse! Sie waren Industriekapitäne und politische Schwergewichte. Sie hatten nach dem Gold gegriffen – und es bekommen. Dies sind die Namen – und was aus ihnen geworden ist:

- Charles Schwab – Chef der größten unabhängigen Stahlgesellschaft – starb pleite.
- Arthur Cutten – größter Weizen-Spekulant – starb im Ausland – insolvent.
- Richard Witney – Präsident der New Yorker Börse – starb unmittelbar nach der Entlassung aus Sing Sing.
- Albert Fall – US-Kabinettsmitglied – wurde begnadigt, damit er zu Hause sterben konnte.
- Jess Livermore – größter Baissespekulant an der Wall Street – beging Selbstmord.
- Leon Fraser – Direktor der Bank of International Settlements – beging Selbstmord.
- Ivar Kreuger – „Zündholzkönig" und Großunternehmer – beging Selbstmord.[113]

Oft tauschen Menschen, die um Gold kämpfen, alles Wichtige in ihrem Leben für die Chance auf Gewinn ein. Aber dann verlieren sie auch noch ihre materiellen Errungenschaften. Viele Menschen, für die das Erreichen von Wohlstand an erster Stelle kommt, mögen zwar kurzfristig erfolgreich sein, aber die Qualität ihres Lebens lässt sich am besten ermessen, wenn man sie sich in späteren Jahren anschaut. Dann lässt sich viel leichter beurteilen, ob sie ein Clayton Porter oder Mike Abrashoff sind, oder eher wie Dennis Kozlowski oder Robert Torricelli.

Es liegen Welten zwischen Menschen, die nach Gold streben, und solchen, die die Entscheidungsformel als goldene Regel ausleben:

Menschen, die nach Gold streben ...	Menschen, die die Entscheidungsformel ausleben ...
fragen: „Was können Sie für mich tun?",	fragen: „Was kann ich für Sie tun?",
treffen bequeme Entscheidungen,	treffen charaktervolle Entscheidungen,
opfern die Familie für das finanzielle Fortkommen,	opfern das finanzielle Fortkommen für die Familie,
lassen sich eine vernunftmäßige Erklärung für ihr Handeln einfallen,	lassen Beziehungen entstehen mit ihrem Handeln,
setzen sich an die erste Stelle,	setzen andere an die erste Stelle,
zählen ihr Geld,	zählen ihre Freunde,
gründen ihre Werte auf ihren Wert.	gründen ihren Wert auf ihre Werte.

Begegnet man einem, der beständig für sich festlegt, sich nach der Entscheidungsformel zu richten, merkt man das an der Art, wie er mit anderen umgeht und wie er lebt. So war das, als ich Howard Bowen begegnete, der mir ein guter Freund geworden ist. Bowen war für den Bau vieler Kmart-Stores zuständig, als die Kaufhauskette auf dem Höhepunkt ihres Erfolgs stand. Und dadurch wurde auch er erfolgreich.

Der Weg dahin war nicht immer einfach. Als Bowen auf den ersten Vertrag mit Kmart hin arbeitete, reiste er nach Florida, um sich das Baugebiet anzuschauen. Nachdem er mit zwei Firmenvertretern den ganzen Tag auf dem Gelände herumgefahren war, schlug einer von ihnen, dem sein Ruf schon vorausgeeilt war, einen Besuch in einem Strip-Club vor. Für Bowen war das ein Dilemma. Bei dem Geschäft ging es um 40 Millionen Dollar. Und er wusste, wenn er nicht auf den Vorschlag des Mannes einging, setzte er den Vertrag aufs Spiel. Aber Bowen glaubte an die Entscheidungsformel, und in einen Strip-Club zu gehen hieße für ihn, seine Frau zu betrügen.

Bowen nahm all seinen Mut zusammen und bat darum, im Hotel abgesetzt zu werden, bevor die anderen am Abend ausgingen. „Tut mir Leid, ich kann das nicht", sagte er. „Außerdem muss ich mich etwas ausruhen."

Als sie vor dem Hotel vorfuhren, stieg Bowen aus. Und da sagte einer der anderen, die noch dabei waren: „Tja, eigentlich muss ich mich auch ausruhen", und damit stieg er aus. Dann noch einer. Am Ende ging an jenem Abend niemand mehr aus. Später sagte der leitende Angestellte, der ursprünglich den Vorschlag gemacht hatte, zu Bowen: „Sie können sich gar nicht vorstellen, wie sehr ich Sie respektiere."

Außerdem bekam Bowen den Vertrag von ihm. Wird jemand, der bei seiner Integrität bleibt, immer so belohnt? Natürlich nicht. Aber was wäre gewesen, wenn Bowen gegen seine ethischen Normen verstoßen und dennoch den Vertrag nicht bekommen hätte? Dann wären ihm weder der Gewinn noch die Selbstachtung geblieben.

Bowen musste zu Anfang seiner Karriere viele harte Entscheidungen treffen, wie zum Beispiel, als ihn ein Stahlzulieferer bat, vor Beendigung der Arbeiten ausbezahlt zu werden, da er knapp bei Kasse wäre. Das ist häufig sehr riskant. Doch Bowen fragte sich: „Wie würde ich in dieser Situation gerne behandelt werden?"

Er hielt es für das Richtige und bezahlte den Zulieferer. Über die Jahre arbeiteten die beiden Männer noch sehr häufig zusammen.

Das Interessante ist, dass Bowen über ein Jahrzehnt später ein eigenes Haus baute und jemanden für die Stahlarbeiten brauchte. Das war, als die Wirtschaft boomte und niemand ein lukratives Projekt unterbrechen wollte, um ein kleines Gewerk an Bowens Haus zu erledigen. Doch sein Freund, der Zulieferer, ließ umgehend eine andere Arbeit liegen und eilte Bowen zu Hilfe. Und er sagte ihm auch warum: „Entsinnst du dich an den ersten Auftrag, den ich für dich erledigt habe? Du hast mir ausgeholfen, als ich knapp bei Kasse war. Das vergesse ich dir nie. Ich bin dankbar, dass ich jetzt etwas für dich tun kann."

Bowen hatte in diesen zehn Jahren gar nicht mehr daran gedacht. Damals hatte er einfach getan, was richtig war. Doch das ist das Wunderbare, wenn man sich an die Entscheidungsformel hält. Wenn nämlich Menschen, die um Gold kämpfen, viel Glück haben, bekommen sie etwas Gold. Wer sich aber nach der Entscheidungsformel, der goldenen Regel, ausrichtet, hat nicht nur die Chance, zu finanziellem Wohlstand zu kommen, sondern auch andere Vorteile zu erlangen, die man für Geld nicht kaufen kann. Wer nach der Entscheidungsformel lebt, verschafft sich die Chance, alles zu bekommen!

Anmerkungen

1 „Chronology of a Collapse", *Time,* 21. Januar 2002, 31.
2 S. hierzu z. B. Conrad Schuhler, *Pleite von Wall Street und Washington.* München: isw-spezial 16, Mai 2002.
3 Chapter 11 Bankruptcy Code – ein US-amerikanisches Verfahren, bei dem durch Umstrukturierung eines Unternehmens der Konkurs verhindert werden soll. Anm. d. Übers.
4 Daniel Kadlec, „Who's Accountable", *Time,* 21. Januar 2002, 31.
5 NASDAQ: National Association of Stock Dealers Automated Quotations – automatische Kursnotierung des Verbandes amerikanischer Börsenhändler. Anm. der Übers.
6 „Tyco Wants Ist Money Back", CNNMoney, http://cnnmoney.com, 30. Januar 2003.
7 Barbara Ross, Roberty Gearty, Corky Siemaszko, „The Great Tyco Robbery", *New York Daily News,* 12. September 2002, www.nydailynews.com.
8 Nancy Gibbs, „Summer of Mistrust", *Time,* 22. Juli 2002, 20.
9 „Hall of Shame", *Business Week.* 7. Oktober 2002, www.businessweek.com.
10 „World-Class Scandal at WorldCom", CBS News, 26. Juni 2002, www.cbsnews.com/stories/2002/06/26/-national.
11 „World-Class Scandal at WorldCom", www.cbsnews.com, 26. Juni 2002.
12 Roger Rosenblatt, „When the Hero Takes a Fall", *Time,* 21. Januar 2002, 130.

[13] Richard Lacayo, „A Sport on Thin Ice", *Time*, 25. Februar 2002, 26.

[14] „Americans Speak: Enron, WorldCom and Others Are Result of Inadequate Moral Training by Families", 22. Juli 2002, Barna Research Online, www.barna.org.

[15] John C. Knapp, „Why Business Ethics Is Worthy of Discussion", *Atlanta Business Chronicle*, 18. November 2002, http://atlanta.bizjournals.com/atlanta.

[16] Joseph Fletcher, *Moral ohne Normen?* Gütersloh: Gütersloher Verlagshaus, 1967. Dt. Übers. Hans Weissgerber.

[17] Executive Leadership Foundation, Inc., *Absolute Ethics: A Proven System of True Profitability* (Tucker, Ga., 1987), 22–23.

[18] Aus: *World Magazine*, 7. September 2002, 14.

[19] Joie A. Gregor, „Focus on: The Chief Executive Officer" (Special Advertising Feature), *Business Week*, 23. September 2002, 30.

[20] Recruiter: Mitarbeiter der Personalbeschaffung. Anm. d. Übers.

[21] Jeff Siegel, „Ethical Dilemma", *American Way*, 15. September 2002, 54.

[22] Joan Ryan, „Corporations Need Honorable Leaders, Not Remedial Ethics", *Atlanta Journal-Constitution*. 10. November 2002.

[23] „Are You Guilty of Giving Your Employees an Ethical Flee Dip?", *Leading for Results*, www.ragan.com, 13. Dezember 2002.

[24] Linda Tischler, „Can Kevin Rollins Find the Soul of Dell?" *Fast Company*, November 2002, 112–14.

[25] Lorraine Woellert, „You Mean Cheating Is Wrong?" *Business Week*, 9. Dezember 2002, 8.

26 John D. Copeland, *Business Ethics: Three Critical Truths*, zitiert von Scimitar Ridge, LLC, 22. Juli 2002.

27 Executive Leadership Foundation, Inc., *Absolute Ethics*, 24.

28 Sprüche 4,18–19 Lutherbibel 1984.

29 „Honesty", in *The Forbes Book of Business Quotations*, Ted Goodman (Hg.), (New York: Black Dog and Lebenthal, 1997), 408.

30 Matthäus 7,12 Lutherbibel 1984.

31 „Islam", „Judentum", „Buddhismus", „Hinduismus", „Konfuzianismus" und „Jainismus" entnommen aus: K.O. Schmidt, *Die Goldene Regel. Das Gesetz der Fülle.* Drei-Eichen-Verlag, 1972. S. 57

32 eigene Übersetzung A. Klein-Esselborn.

33 dto.

34 dto.

35 The Josephson Institute, „What Is Ethics Anyway?" www.josephsoninstitute.org, 24. September 2002.

36 Aus: Bob Benson, *He Speaks Softly: Learning to Hear God's Voice* (Waco, Tex.: Word, 1987).

37 Vice = Laster, Untugend. Anm. d. Übers.

38 Prospekt des Vice Fund, www.vicefund.com, 21. Januar 2003.

39 Bob Smietana, „A Penchant for ‚Sin'", *Atlanta Journal-Constitution*, 7. Dezember 2002, B2.

40 „Corporate Profile", www.synovus.com, 27. Januar 2003.

41 Interview mit dem Autor, 10. Dezember 2002.

42 Tom Barry, „Bank Shot", *Business to Business*, September 2002, 46.

43 Interview mit dem Autor, 10. Dezember 2002.

44 Dave DeWitte, „Georgia's Synovus Corp. Shows How to Be a Top Employer", *Pulse*, 16. Juni 1999.

45 Zig Ziglar, Brief an den Autor, 15. April 2002.

46 Ned Herrmann, *The Whole Brain Business Book* (New York: McGraw-Hill), 1996.

47 Christopher Caggiano, „Employment Guaranteed for Life", *Inc.*, 10. Dezember 2002, 74.

48 Donald A. Laird, *Menschenführung im Betrieb.* Rüschlikon-Zürich: Albert Müller, 1953. Aus dem Amerikanischen von Dr. A. Hartwich. S. 111 + 113.

49 Donald A. Laird, ebda., S. 109.

50 John C. Maxwell, *Leadership.* Brunnen, 2002. Aus dem Amerikanischen von Cornelia Reimer und Birgit Ziemann. S. 67.

51 Quelle unbekannt.

52 Charles W. Christian, „10 Rules for Respect", *Leadership Journal*, Sommer 1999, www.christianitytoday.com.

53 Cara Cannella, „Keeping It Flexible", *Inc.*, 10. Dezember 2002, 76.

54 „A Profession Is Born: 1930", Our History, McKinsey & Company, www.mckinsey.com, 10. Februar 2003. Zu McKinsey s. auf Deutsch z.B.: Klaus Balzer, *Die McKinsey Methode*. Wien/Frankfurt: Ueberreuter, 2000.

55 John A. Byrne, „Goodbye to an Ethicist", *Business-Week*, 10. Februar 2003, 38.

56 Tammy Joyner, „HomeBanc Taps Minister as Corporate Conscience", *Atlanta Journal-Constitution*, 4. Dezember 2002, www.ajc.com.

57 „Georgia Coach Takes the Blame for Bad Call", *Augusta Chronicle*, 14. November 2001, www.augustachronicle.com.

58 Josh Kendall, „Richt Finding His Way", *Athens Daily News*, 18. März 2001, www.onlineathens.com.

59 Paul van Buitenen, Unbestechlich für Europa, Basel 2000: Brunnen Verlag.

60 „Fast Talk: Carole Black", *Fast Company*, Dezember 2002, 72.
61 Kenneth H. Blanchard und Norman Vincent Peale, *Die Kraft (des) positiven Führens. Integrität zahlt sich aus.* München: Heyne, 1988/1994. Dt. von Harald Vigano. Weitere Ausgabe: *Positiv führen: ohne krumme Touren zum Erfolg.* Zürich: Oesch, 1990. Dt. von Harald Vigano.
62 J.C. Penney, *Fifty Years with the Golden Rule* (New York: Harper and Brothers, 1950), 63.
63 Norman Beasley, *Main Street Merchant* (New York: Bantam, 1950), 63.
64 Engl. „Golden Rule" – dt. „Goldene Regel". Anm. d. Übers.
65 Penney, *Fifty Years with the Golden Rule*, 52.
66 Ibid.
67 Thomas Addington und Stephen Graves, *A Case for Character: Authentic Living in Your Workplace* (Nashville: Broadman and Holman, 1998), 12.
68 Steve Wilstein, „Doing the Right Thing Is More Important Than Winning", 19. November 2002, www.yorknewstimes.com/stories, 17. April 2003.
69 Marie Brenner, „The Enron Wars", www.mariebrenner.com/articles, 11. Februar 2002.
70 FAZ-Net 8.04. 2003.
71 Catherine Valenti, „Ethical Culture", abcnews.com, 20. Februar 2002.
72 M. Scott Peck, *The Road Less Traveled* (New York: Touchstone, 1978), 66.
73 Mark Twain, *Dem Äquator nach.* Hamburg: Hoffmann und Campe, 1965. Übers. von Ana Maria Brock.
74 Mark Twain.
75 Richard Foster, *Reasons to Be Glad.*

76 Mark Lewis, „A Dwindling Band of Brothers", *Forbes*, 11. November 2002, www.forbes.com.

77 Von Harriet Rubin sind auf dem deutschen Markt erschienen: *Soloing*. Frankfurt: Fischer, 2003. Aus dem Amerikanischen von Anne Steeb. *Machiavelli für Frauen: Strategie und Taktik im Kampf der Geschlechter.* Frankfurt: Fischer, 2002. Aus dem Amerikanischen von Susanne Dahmann. Anm. d. Übers.

78 Harriet Rubin, „Power", *Fast Company*, November 2002, 68.

79 Von Abraham Zaleznik ist auf Deutsch erschienen: *Führen ist besser als managen*. Freiburg: Haufe, 1990. Übersetzung aus dem Amerikanischen von Erwin Schuhmacher. Und: *Das menschliche Dilemma der Führung.* Wiesbaden: Gabler, 1976. Anm. d. Übers.

80 „Online Extra: The CEO as Thief: A Psychological Profile", www.businessweek.com, 23. Dezember 2003.

81 Bruce Horovitz, „Scandals Grow Out of CEO's Warped Mind-set", *USA Today*, 11. Oktober 2002, 2B.

82 Robert Greene, *Power. Die 48 Gesetze der Macht.* München: dtv, 2001. Aus dem Englischen von Hartmut Schickert und Birgit Brandau. S. 42 und 67.

83 Sprüche 16,18 Lutherbibel 1984.

84 Sprüche 11,2 ebda.

85 Sprüche 13,10 ebda.

86 Sprüche 29,23 ebda.

87 C.S. Lewis, *Pardon, ich bin Christ.* Basel; Gießen: Brunnen, 1998. S.119–120.

88 Ezra Bowen, „Looking to 1st Roots", *Time*, 25. Mai 1987, 26.

89 Peggy Noonan, *When Character Was King* (New York: Viking Press, 2001), 199.

90 Jim Collins, *Immer erfolgreich: die Strategien der Topunternehmen.* Stuttgart, München: Dt. Verl.-Anst., (2003). Dt. von Thorsten Schmidt und Fritz Böhler.

91 Jim Collins, *Der Weg zu den Besten: die sieben Management-Prinzipien für dauerhaften Unternehmenserfolg.* München: dtv, 2003. Dt. von Martin Baltes und Fritz Böhler.

92 Davin Seay, „Interview with Jim Collins", *Halftime*, 23.

93 Für die amerikanische Version „golden opportunity" fand John C. Maxwells Research-Assistentin 1.310.000 Einträge. Anmerkung der Übersetzerin.

94 C.S. Lewis, *Pardon, ich bin Christ.* Basel; Gießen: Brunnen, 1998. S. 128.

95 „Starwood Hotels Survey", *Reader's Digest*, September 2002, 19.

96 Quelle unbekannt.

97 John C. Maxwell, *Leadership. Die 21 wichtigsten Führungsprinzipien.* Gießen: Brunnen, 2002. Aus dem Amerikanischen von Cornelia Reimer und Birgit Ziemann. S. 44-46.

98 „Senate Ethics Committee Admonishes Torricelli", *USA Today*, 30. Juli 2002, www.usatoday.com.

99 „Sen. Torricelli Quits Race", www.newsmax.com, 21. November 2002.

100 TAZ vom 10.8. 2004; Hamburger Abendblatt vom 2. 8. 2004; „Die Jüdische" vom 1.8. 2004.

101 Keith H. Hammonds, „Harry Kraemer's Moment of Truth", *Fast Company*, November 2002, 96.

102 Sprüche 22,7 Lutherbibel 1984.

103 Foster, in *Absolute Ethics*, 18.

104 1,08 Mio. Kinder bei 2,84 Mio. Sozialhilfeempfängern insgesamt. Statistisches Bundesamt, Pressemitteilung vom 9. Aug. 2004.

[105] Wolf J. Rinke, *Winning Management: Six Fail-Safe Strategies for Building High-Performance Organizations* (Achievement Publishing, 1997).

[106] Interview mit dem Autor, 13. November 2002.

[107] Ted Goodman (Hg.), *The Forbes Book of Business Quotations* (New York: Black Dog ans Levental, 1997), 891.

[108] „Eugenio Monti", www.olympic.org/uk/passion/-humanity, 25. Februar 2003.

[109] Noonan, *When Character Was King*, 221.

[110] Ellwood F. Oakley III, „Promise-keeping Has Lost Ist Importance as a Core Value", *Atlanta Business Chronicle,* 18. November 2002, www.atlantabusinesschronicle.com.

[111] Oakley, „Promise-keeping Has Lost Ist Importance as a Core Value".

[112] „Joseph Abruzzese", *Fast Company*, November 2002, 62.

[113] Bill Rose, *New York Herald Tribune*, 8. November 1948.

John C. Maxwell

Leadership

Die 21 wichtigsten
Führungsprinzipien

224 S., gebunden
ISBN 3-7655-1801-8

Erfolgreich lernen, leiten, leben!

Die gelungene Fusion von dreißigjähriger Beratererfahrung
mit einem fundierten Wissen über Erfolge und Misserfolge aus
Geschäftswelt, Politik, Sport und Religion tritt in dieser auf-
schlussreichen Studie zum Thema Leadership zu Tage. Nach
John C. Maxwell „steht und fällt alles mit Leadership, denn
die 21 Führungsprinzipien haben Konsequenzen …"

„Ich kenne John C. Maxwell seit gut 20 Jahren. Sein engagiert
geschriebenes Buch ist die Quintessenz langjähriger erfolgreicher Arbeit. Ein Buch, das jeder gelesen haben sollte, der Verantwortung trägt."   *Dr. Jörg Knoblauch*

Empfohlen von der Akademie christlicher Führungskräfte
(AcF)

BRUNNEN VERLAG GIESSEN
www.brunnen-verlag.de

John C. Maxwell

Charakter und Charisma

Die 21 wichtigsten
Qualitäten erfolgreicher
Führungspersönlichkeiten

160 S., gebunden
ISBN 3-7655-1809-3

21 Qualitäten machen Sie erfolgreich!

John Maxwell zeigt: Charakter kann man bilden, Ausstrah-
lung kann man erwerben. Beides ist nicht einfach, aber es ist
eine Mühe, die sich lohnt. Basierend auf der christlichen Ethik
gelingt es Maxwell, eine zeitgemäße Führungsidee zu entwickeln, die auch noch trägt, wenn man hinter die Kulissen
schaut. Seine Thesen sind einfach, leicht verständlich und in
der Praxis nachvollziehbar.

„Charakter und Charisma trifft genau auf den Punkt. Erneut
gelingt es Maxwell, dem Leser die nötigen praktischen Hilfs-
mittel an die Hand zu geben, die er braucht, um sich von einer
Führungskraft hin zu einer Führungspersönlichkeit zu entwickeln." *Kenneth Blanchard,*
Mitautor von „Der 1-Minuten-Manager"

BRUNNEN VERLAG GIESSEN
www.brunnen-verlag.de

John C. Maxwell

Goldene Job- und Lebensregeln

… abgeschaut bei Ester, Noah & Co.

144 S., gebunden
ISBN 3-7655-1864-6

Lebensmanagement leichter gemacht!

Im Buch der Bücher steckt weit mehr praktische Lebens- und Glaubenserfahrung, als viele denken! Begegnen Sie Persönlichkeiten wie Ester und Noah, Rebekka und David – und profitieren Sie von deren „Goldenen Job- und Lebensregeln" in Hoch- und in Stress-Zeiten!

Ein wahrer Schatz, besonders in Zeiten von neuen Herausforderungen – zum selbst Lesen und zum Verschenken, aber auch als Grundlage einer alltagsnahen Bibelarbeit.

BRUNNEN VERLAG GIESSEN
www.brunnen-verlag.de